# 气质

胡适 著

当代世界出版社

图书在版编目（ＣＩＰ）数据

气质 / 胡适著. -- 北京：当代世界出版社, 2013.11
（胡适的世界）
ISBN 978-7-5090-0942-0

Ⅰ. ①气… Ⅱ. ①胡… Ⅲ. ①胡适（1891～1962）－读书方法－文集②读后感－作品集－中国－现代 Ⅳ. ①G792-53②I266

中国版本图书馆CIP数据核字（2013）第242659号

| | |
|---|---|
| 书　　名： | 气质 |
| 出版发行： | 当代世界出版社 |
| 地　　址： | 北京市复兴路4号（100860） |
| 网　　址： | http://www.worldpress.org.cn |
| 编务电话： | （010）83908456 |
| 发行电话： | （010）83908409 |
| | （010）83908377 |
| | （010）83908455 |
| | （010）83908423（邮购） |
| | （010）83908410（传真） |
| 经　　销： | 全国新华书店 |
| 印　　刷： | 北京天正元印务有限公司 |
| 开　　本： | 635毫米×965毫米　1/16 |
| 印　　张： | 16.5 |
| 字　　数： | 195千字 |
| 版　　次： | 2013年11月第1版 |
| 印　　次： | 2013年11月第1次 |
| 书　　号： | ISBN 978-7-5090-0942-0 |
| 定　　价： | 28.00元 |

如发现印装质量问题，请与承印厂联系调换。

版权所有，翻印必究；未经许可，不得转载！

# 目 录

## 我们为什么要读书

读 书　003

为什么读书　011

读书的习惯重于方法　017

治学方法　019

知识的准备　057

找书的快乐　066

一个最低限度的国学书目　072

## 我都储备了哪些知识

发起《读书杂志》的缘起　085

谈谈《诗经》　086

论短篇小说　095

谈新诗　107

《水浒传》是四百年梁山泊故事的结晶　124

《西游记》的第八十一难　145

读《吕氏春秋》　155

《老残游记》序　177

中国文学史的一个看法　197

什么是文学？　201

## 我与思想大家的交锋

谈谈中国思想史　207

论国故学　210

论小说及白话韵文　212

论句读符号　216

读梁漱溟先生的《东西文化及哲学》　218

答黄觉僧君《折衷的文学革新论》　234

"我的儿子"　239

不要怕社会报复　244

朋友与兄弟　246

论贞操问题　247

论女子为强暴所污　254

# 我们为什么要读书

# 读　书

"读书"这个题，似乎很平常，也很容易，然而我却觉得这个题目很不好讲。据我所知，"读书"可以有三种说法：

（一）要读何书。关于这个问题，《京报副刊》上已经登了许多时候的"青年必读书"；但是这个问题，殊不易解决，因为个人的见解不同，个性不同。各人所选只能代表各人的嗜好，没有多大的标准作用。所以我不讲这一类的问题。

（二）读书的功用。从前有人作《读书乐》，说什么"书中自有千钟粟，书中自有黄金屋，书中自有颜如玉"，现在我们不说这些话了。要说，读书是求知识，知识就是权力。这些话都是大家会说的，所以我也不必讲。

（三）读书的方法。我今天是想根据个人经验，同诸位谈谈读书的方法。我的第一句话是很平常的，就是说，读书有两个要素：第一要精。第二要博。

现在先说什么叫"精"。

我们小的时候读书，差不多每个小孩都有一条书签，上面写十个字，这十个字最普遍的就是"读书三到：眼到，口到，心到"。现在这种书签虽不用，三到的读书法却依然存在。不过我以为读书三到是不够的；须有四到，是："眼到，口到，心到，手到。"我就拿它来说一说。

眼到是要个个字认得，不可随便放过。这句话起初看去似乎很容易，其实很不容易。读中国书时。每个字的一笔一画都不放过，近人费许多功夫在校勘学上，都因古人忽略一笔一画而已。读外国书要把 A，B，C，D 等字母弄得清清楚楚，所以说这是很难的。如有人翻译英文，把 port 看作 pork，把 oats 看作 oaks，于是葡萄酒一变而为猪肉，小草变成了大树。说起来这种例子很多，这都是眼睛不精细的结果。书是文字做成的，不肯仔细认字，就不必读书。眼到对于读书的关系很大，一时眼不到，贻害很大，并且眼到能养成好习惯，养成不苟且的人格。

口到是一句一句要念出来。前人说口到是要念到烂熟背得出来。我们现在虽不提倡背书，但有几类的书，仍旧有熟读的必要：如心爱的诗歌，如精彩的文章，熟读多些，于自己的作品上也有良好的影响。读此外的书，虽不须念熟，也要一句一句念出来，中国书如此，外国书更要如此，念书的功用能使我们格外明了每一句的构造，句中各部分的关系。往往一遍念不通，要念两遍以上，方才能明白的。读好的小说尚且要如此，何况读关于思想学问的书呢？

心到是每章每句每字意义如何？何以如是？这样用心考究。但是用心不是叫人枯坐冥想，是要靠外面的设备及思想的方法的帮助。要做到这一点，须要有几个条件：

（一）字典、辞典、参考书等等工具要完备。这几样工具虽不能办到，也当到图书馆去看。我个人的意见是奉劝大家，当衣服，卖田地，至少要置备一点好的工具。比如买一本《韦氏大字典》，胜于请几个先生。这种先生终身跟着你，终身享受不尽。

（二）要做文法上的分析。用文法的知识，做文法上的分析，要懂得文法构造，方才懂得它的意义。

（三）有时要比较参考，有时要融会贯通，方能了解。不可但看字面。一个字往往有许多意义，读者容易上当。例如 turn 这字：

  作外动字解有十五解，

  作内动字解有十三解，

  作名词解有二十六解，

  共五十四解，而成语不算。

又如 strike：

  作外动字解有三十一解，

  作内动字解有十六解，

  作名词解有十八解，

  共六十五解。

又如 go 字最容易了，然而这个字：

  作内动字解有二十二解，

  作外动字解有三解，

  作名词解有九解，

  共三十四解。

以上是英文字须要加以考究的例子。英文字典是完备的；但是某一字在某一句究竟用第几个意义呢？这就非比较上下文，或贯串全篇，不能懂了。

中文较英文更难，现在举几个例：

祭文中第一句"维某年月日"之"维"字，究作何解？字典上说它是虚字。《诗经》里"维"字有二百多，必需细细比较研究，然后知道这个字有种种意义。

又《诗经》之"于"字，"之子于归"、"凤凰于飞"等句，"于"字究作何解？非仔细考究是不懂的。又"言"字人人知道，但在《诗经》中就发生问题，必须比较，然后知"言"字为联接字。诸如此例甚多，中国古书很难读，古字典又不适用，非是用比较归纳的研究方法，我们如何懂得呢？

总之，读书要会疑，忽略过去，不会有问题，便没有进益。

宋儒张载说："读书先要会疑。于不疑处有疑，方是进矣。"他又说："在可疑而不疑者，不曾学。学则须疑。"又说："学贵心悟，守旧无功。"

宋儒程颐说："学原于思。"

这样看起来，读书要求心到；不要怕疑难，只怕没有疑难。工具要完备，思想要精密就不怕疑难了。

现在要说手到。手到就是要劳动劳动你的贵手。读书单靠眼到，口到，心到，还不够的；必须还得自己动动手，才有所得。例如：

（一）标点分段，是要动手的。

（二）翻查字典及参考书，是要动手的。

（三）做读书札记，是要动手的。札记又可分四类：

1. 抄录备忘。

2. 作提要，节要。

3. 自己记录心得。张载说："心中苟有所开，即便札记。不则还塞之矣。"

4. 参考诸书，融会贯通，作有系统的著作。

手到的功用。我常说：发表是吸收知识和思想的绝妙方法。吸收进来的知识思想，无论是看书来的，或是听讲来的，都只是模糊零碎，都算不得我们自己的东西。自己必须做一番手脚，或做提要，或做说明，或做讨论，自己重新组织过，申叙过，用自己的语言记述过，——那种知识思想方才可算是你自己的了。

我可以举一个例。你也会说"进化"，他也会谈"进化"，但你对于"进化"这个观念的见解未必是很正确的，未必是很清楚的；也许只是一种"道听途说"，也许只是一种时髦的口号。这种知识算不得知识，更算不得是"你的"知识。假使你听了我这句话，不服气，今晚回去就去遍翻各种书籍，仔细研究进化论在科学上的根据；假使你翻了几天书之后，发愤动手，把你研究所得写成一篇读书札记；假使你真动手写了这么一篇《我为什么相信进化论？》的札记，列举了：

（一）生物学上的证据；

（二）比较解剖学上的证据；

（三）比较胚胎学上的证据；

（四）地质学和古生物学上的证据；

（五）考古学上的证据；

（六）社会学和人类学上的证据。

到这个时候，你所有关于"进化论"的知识，经过了一番组织安排，经过了自己的去取叙述，这时候这些知识方才可算是你自己的了。所以我说，发表是吸收的利器；又可以说，手到是心到的法门。

至于动手标点，动手翻字典，动手查书，都是极要紧的读书秘诀，诸位千万不要轻轻放过。内中自己动手翻书一项尤为要紧。我记得前几年我曾劝顾颉刚先生标点姚际恒的《古今伪书考》。当初我知道他的生活困难，希望他标点一部书付印，卖几个钱。那部书是很薄的一本，我以为他一两个星期就可以标点完了。哪知顾先生一去半年，还不曾交卷。原来他于每条引的书，都去翻查原书，仔细校对，注明出处，注明原书卷第，注明删节之处。他动手半年之后，来对我说，《古今伪书考》不必付印了，他现在要编辑一部疑古的丛书，叫做"辨伪丛刊"。我很赞成他这个计划，让他去动手。他动手了一两年之后，更进步了，又超过那"辨伪丛刊"的计划了，他要自己创作了。他前年以来，对于中国古史，做了许多辨伪的文字；他眼前的成绩早已超过崔述了，更不要说姚际恒了。顾先生将来在中国史学界的贡献一定不可限量，但我们要知道他成功的最大原因是他的手到的功夫勤而且精。我们可以说，没有动手不勤快而能读书的，没有手不到而能成学者的。

第二要讲什么叫"博"。

什么书都要读，就是博。古人说："开卷有益"，我也主张这个意思，所以说读书第一要精，第二要博。我们主张"博"有两个意思：

第一，为预备参考资料计，不可不博。

第二，为做一个有用的人计，不可不博。

第一，为预备参考资料计。

在座的人，大多数是戴眼镜的。诸位为什么要戴眼镜？岂不是因为戴了眼镜，从前看不见的，现在看得见了；从前很小的，现在看得很大了；从前看不分明的，现在看得清楚分明了？王荆公说得最好：

世之不见全经久矣。读经而已，则不足以知经。故某自百家诸子之书，至于《难经》、《素问》、《本草》诸小说，无所不读；农夫女工，无所不问；然后于经为能知其大体而无疑。盖后世学者与先王之时异矣；不如是，不足以尽圣人故也。……致其知而后读，以有所去取，故异学不能乱也。惟其不能乱，故能有所去取者，所以明吾道而已。（《答曾子固》）

他说："致其知而后读。"又说："读经而已，则不足以知经。"即如《墨子》一书在一百年前，清朝的学者懂得此书还不多。到了近来，有人知道光学、几何学、力学、工程学等一看《墨子》，才知道其中有许多部分是必须用这些科学的知识方才能懂的。后来有人知道了伦理学、心理学等，懂得《墨子》更多了。读别种书愈多，《墨子》愈懂得多。

所以我们也说，读一书而已则不足以知一书。多读书，然后可以专读一书。譬如读《诗经》，你若先读了北大出版的《歌谣周刊》，便觉得《诗经》好懂得多了；你若先读过社会学、人类学，你懂更多了；你若先读过文字学、古音韵学，你懂得更多了；你若读过考古学、比较宗教学等，你懂得的更多了。

你要想读佛家唯识宗的书吗？最好多读点伦理学、心理学、比较宗教学、变态心理学。无论读什么书总要多配几副好眼镜。

你们记得达尔文研究生物进化的故事吗？达尔文研究生物演变的现状，前后凡三十多年，积了无数材料，想不出一个简单贯串的说明。有一天他无意中读马尔萨斯的人口论，忽然大悟生存竞争的原则，于是得着物竞天择的道理，遂成一部破天荒的名著，给后世思想界打开一个新纪元。

所以要博学者，只是要加添参考的材料，要使我们读书时容易得"暗示"；遇着疑难时，东一个暗示，西一个暗示，就不至于呆读死书了。这叫做"致其知而后读"。

第二，为做人计。

专工一技一艺的人，只知一样，除此之外，一无所知。这一类的人，影响于社会很少。好有一比，比一根旗杆，只是一根孤拐，孤单可怜。

又有些人广泛博览，而一无所专长，虽可以到处受一班贱人的欢迎，其实也是一种废物。这一类人，也好有一比，比一张很大的薄纸，禁不起风吹雨打。

在社会上，这两种人都是没有什么大影响，为个人计，也很少乐趣。

理想中的学者，既能博大，又能精深。精深的方面，是他的专门学问。博大的方面，是他的旁搜博览。博大要几乎无所不知，精深要几乎惟他独尊，无人能及。他用他的专门学问做中心，次及于直接相关的各种学问，次及于间接相关的各种学问，次及于不很相关的各种学问，以次及毫不相关的各种泛览。这样的学者，也有一比，比埃及的金字三角塔。那金字塔高四百八十英尺，底边各边长七百六十四英尺。塔的最高度代表最精深的专门学问；从此点以次递减，代表那旁收博览的各种相关或不相关的学问。塔底的面积代表博大的范围、精深的造诣、博大的同情心。这样的人，对社会是极有用的人才，对自己也能充分享受人生的趣味。宋儒程灏说得好：

须是大其心使开阔：譬如为九层之台，须大做脚始得。

博学正所以"大其心使开阔"，我曾把这番意思编成两句粗浅的口号，现在拿出来贡献给诸位朋友，作为读书的目标：

为学要如金字塔，要能广大要能高。

# 为什么读书

青年会叫我在未离南方赴北方之前在这里谈谈,我很高兴,题目是《为什么要读书》。现在读书运动大会开始,青年会拣定了三个演讲题目。我看第二个题目《怎样读书》很有兴味,第三个题目《读什么书》更有兴味,第一个题目无法讲,"为什么要读书",连小孩子都知道,讲起来很难为情,而且也讲不好。所以我今天讲这个题目,不免要侵犯其余两个题目的范围,不过我仍旧要为其余两位演讲的人留一些余地。现在我就把这个题目来试一下看。我从前也有过一次关于读书的演讲,后来我把那篇演讲录略事修改,编入三集文存里面,那篇文章题目叫做《读书》,其内容性质较近于第二个题目,诸位可以拿来参考。今天我就来试试"为什么要读书"这个题目。

从前有一位大哲学家(宋真宗)做了一篇《读书乐》,说到读书的好处,他说:"书中自有千钟粟,书中自有黄金屋,书中自有颜如玉。"这意思就是说,读了书可以做大官,获厚禄,可以不至于住茅草房子,可以娶得年轻的漂亮太太(台下哄笑)。诸位听了笑起来,足见诸位对于这位哲学家所说的话不十分满意,现在我就讲所以要读书的别的原因。

为什么要读书?有三点可以讲:第一,因为书是过去已经知道的知识学问和经验的一种记录,我们读书便是要接受这人类的遗产；第二，为要读书而读书，读了书便可以多读书；第三，读书可以帮助我们解决困难，应付环境，并可获得思想材料的来源。我一踏进青年会的大门，就看见许多关于读书的标语。为什么读书，大概诸位看了这些标语就都已知道了，现在我就把以上三点更详细地说一说。

第一，因为书是代表人类老祖宗传给我们的知识的遗产，我们接受了这遗产，以此为基础，可以继续发扬光大，更在这基础之上，建立更高深更伟大的知识。人类之所以与别的动物不同，就是因为人有语言文字，可以把知识传给别人，又传至后人，再加以印刷术的发明，许多书报便印了出来。人的脑很大，与猴不同，人能造出语言，后来更进一步而有文字，又能刻木刻字，所以人最大的贡献就是能累积过去的知识和经验，使后人可以节省很多脑力。非洲野蛮人在山野中遇见鹿，他们就画了一个人和一只鹿以代信，给后面的人叫他们勿追。但是把知识和经验遗给儿孙有什么用处呢？这是有用处的，因为这是前人很好的教训。现在学校里各种教科书，如物理、化学、历史等等，都是根据几千年来进步的知识编纂成书的，一年、两年，或者三年教完一科。自小学、中学，而至大学毕业，这十六年所受的教育，都是代表我们老祖宗几千年来得来的知识学问和经验，所谓进化，就是叫人节省劳力。蜜蜂虽能筑巢，能发明，但传下来就只有这一点知识，没有继续去改革改良，以应付环境，没有做格外进一步的工作。人呢，达不到目的，就再去求进步，而以前人的知识学问和经验作参考。如果每样东西，要个个人从头学起，而不去利用过去的知识，那不是太麻烦了吗？所以人有了这知识的遗产，就可以自己去成家立业，就可以缩短工作，使有余力做别的事。

第二点稍复杂，就是为读书而读书，为求过去的知识而读书。不错，知识可以从书本中得来，但读书不是那么容易的一件事情，不读书不能读书，要能读书才能多读书。好比戴了眼镜，小的可以放大，模糊的可以看得清楚，远的可以变近，所以读书要戴眼镜。眼镜越好，读书的了解力也越大。不读书，学问不能进去，读书没有门径，学问也不能进去。王安石对曾子固说过："读经而已，不足以致经"，所以他对于《本草纲目》、内经、小说，无所不读，这样对于经才可以明白一些，王安石说："致已知而后读"，读书无非扩充知识而已。

我十二岁时，各种小说都看得懂，到了三十年以后，再回头看，很多不懂。讲到《诗经》，从前以为讲的是男女爱情、文王后妃一类的事，从前是戴了一副黑眼镜去看，现在换了一副眼镜，觉得完全不同。现在才知道《诗经》和民间歌谣很有关系。对于民间歌谣的研究，近来很有进步，北平有歌谣周刊、歌谣丛书，关于各地歌谣收罗很广。我们如果能把歌谣的文章、社会学、人类学，研究一下，就可以知道幼稚时代的环境和生活很有趣味，例如《诗经》里有一段说："白茅包之，有女怀春，吉士诱之。"在从前眼光看来，觉得完全讲不通，现在才知道当时野蛮人社会有一种风俗，就是男子向女子求婚，要打野兽送到女家，若不收，便是不答应。还有《诗经》里"窈窕淑女"一节，从比较民族学眼光看来，我们可以知道当时社会的人，吃饭时可以打鼓弹琴，丝毫没有受礼教的束缚。

再从文法方面来观察，像《诗经》里"之子于归"、"黄鸟于飞"、"凤凰于飞"的"于"字，此外，诗经里又有几百个"维"字，还有许多"助词"、"语词"，这些都是有作用无意义的虚字，但以前的人却从未注意及此。这些字若不明白，《诗经》便不能懂。所以书是越看越有意义，书越多读越能读书。再说在《墨子》一书里，差不多各种学问都有，像光学、力学、逻辑、算学、几何学上的圆和平行线，以及经济学上的购买力和货币，几乎什么都讲到了，但你要懂得光学，才能懂得墨子所说的光，你要懂得各种知识，才能懂得墨子里一些最难懂的文句。总之，读书是为了要读书，多读书更可以读书。最大的毛病就在怕读书，怕读难书。越难读的书我们越要征服它们，把它们作为我们的奴隶或向导。我们要打倒难读，这才是我们的"读书乐"，若是我们有了基础的科学知识，那么，我们在读书时便能左右逢源。我再说一遍，读书的目的在于读书，要读书越多才可以读书越多。

第三点，读书可以帮助解决困难，应付环境，供给思想材料，知识是思想材料的来源。思想可分作五步，思想的起源是大的疑问。吃饭拉屎不用想，但逢着三叉路口，十字街头那样的环境，就发生困难了。走东或是走西，这样做或是那样做，困难很多。病有各样的病，发烧，头痛，多得很。第二步要把问题弄清，困难弄清。第三步才想到如何解决。读书就是出主意，暗示，但主意很多，于是又逢着困难。主意多少要看学问多少。都采用也不行。第四步就是要选择一个假定的解决方法。要想到这一个方法能不能解决，若不能，那么，就换了一个；若能，就行了。这好比开锁，这一个钥匙开不出，就换了一个，假定是可以开的，那么，问题就解决了。第五步就是试验。凡是有条理的思想都要经过这五步，或是逃不了这五个阶段。科学家要解决问题，侦探要侦探案件，多经过这五步。

这五步之中，第三步主意或暗示很多，若无主意，便无办法，没有主意，便不知道怎样办，这是因为知识不够，学力不足，经验不丰富，从来没有想到，所以到要解决问题时便没有材料。读书是过去知识学问经验的记录，而知识学问经验就是要用在这时候，所谓养军千日，用兵一朝。否则，学问一些都没有，遇到困难就要糊涂起来。例如达尔文把生物变迁现象研究了几十年，却想不出什么原则去整统他的材料，后来无意中看到马尔萨斯的

《人口论》，说人口是按照几何学级数一倍一倍地增加，粮食是按照数学级数增加，达尔文研究了这原则，忽然触机，就把这原则应用到生物学上去，创了物竞天择的学说。譬如一条鱼可以产生二百万鱼子，这样，太平洋应该占满了，然而大鱼要吃小鱼，更大的鱼要吃大鱼，所以生物要适应环境才能生存。但按照经济学原则，达尔文主义是很没有条理的，而我们读书就是要解决这个困难，可以帮助我们思想。又譬如从前的人以为地球是世界的中心，后来天文学家哥白尼却主张太阳是世界的中心，绕着地球而行。据罗素说，哥白尼所以这样解说，是因为希腊人已经讲过这句话，哥白尼想到了这句话可以解决这问题，便采用了。假使希腊没有这句话，在六十几年之后恐怕没有人敢说这句话吧。

这就是读书的好处。像这样当初逢着困难后来得到解决的事很多，单说我个人就有许多。在我的书房里有一部小说叫做《醒世姻缘》，是西周生所著，自然用的是假名字，这是十七十八世纪间的出品，印好在我家藏了六年。这部小说讲到婚姻问题，其内容是这样：有个好老婆，不知何故，后来忽然变坏，作者没有提及解决方法，也没有想到可以离婚，只说是前世作孽，因为在前世男虐待女，女就投生换样子，压迫者变为被压迫者。这种前世作孽，起先相爱，后来忽变的故事，我仿佛什么地方看见过，后来在《聊斋》一书中见到一篇和这相类似的笔记，也是说到一个女子，起先怎样爱着她的丈夫，后来怎样变为凶太太，便想到这部小说大约是蒲留仙或是蒲留仙的朋友做的。去年我看到一本杂志，也说是蒲留仙做的，不过没有证据。今年我在北平，才找到了证据。这一件事可以解释刚才我所说的第二点，就是读书是为了要读书而读书，同时也可以解释第三点，就是读书可以供给出主意的来源。当初若是没有主意，到了逢着困难时便要手足无措，所以读书可以解决问题，就是军事、政治、财政、思想等问题，也都可以解决，这就是读书的用处。

我有一位朋友，有一次傍着洋灯看小说，洋灯装有油，但是不亮，因为灯芯短了。于是他想到《伊索寓言》里有一篇故事，说是一只老鸦要喝瓶中的水，因为瓶太小，得不到水，它就衔石投瓶中，水乃上来。这位朋友是懂得化学的，加水于灯中恐怕不亮，于是投以铜元，油乃碰到灯芯。这是看《伊索寓言》看小说给他的帮助。读书好像用兵，养兵求其能用，否则即使有十万二十万的大兵也没有用处，有的时候还要兵变呢。

至于"读什么书"，下次陈中凡先生要讲演，今天我也附带地讲一讲。我从五岁起到了四十岁，读了三十五年的书。究竟有几部书应该读，我也曾经想过。其中有条理有系统的书可以说是还没有两三部，其中有条理有系统的精心结构之作，二千五百年以来恐怕只有半打。譬如《老子》这部书，今天说一句"道可道"，明天又说一句"非常道"，没有一些系统。集是杂货店，史和子还是杂货店。至于《诗经》、《礼记》、《易经》也只有一点形式，讲到内容，可以说没有一些东西可以给我们改进道德增进知识的帮助的。中国书不够读乐趣，我们要另开生路，辟殖民地。读书要读到有乐而无苦。能做到这地步，书中便有无穷。希望大家不要怕读书，起初的确要查阅字典，但假使能下一年苦功，能把所读的书的内容句句分析清楚，这样地继续不断做去，那么，在一二年中定可开辟一个乐园，还只怕求知的欲望太大，来不及读呢。我总算是老大哥，今天我就根据我过去三十五年读书的经验，给你们这一个临别的忠告。

## 读书的习惯重于方法

　　读书会进行的步骤，也可以说是采取的方式大概不外三种：

　　第一种是大家共同选定一本书来读，然后互相交换自己的心得及感想。

　　第二种是由下往上的自动方式，就是先由会员共同选定某一个专题，限定范围，再由指导者按此范围拟定详细节目，指定参考书籍。每人须于一定期限内作成报告。

　　第三种是先由导师拟定许多题目，再由各会员任意选定。研究完毕后写成报告。

　　至于读书的方法我已经讲了十多年，不过在目前我觉到读书全凭先养成好读书的习惯。读书无捷径，是没有什么简便省力的方法可言的。读书的习惯可分为：一是勤，二是慎，三是谦。

　　勤苦耐劳是成功的基础，做学问更不能欺己欺人，所以非勤不可。其次谨慎小心也是很重要的，清代的汉学家著名的如高邮王氏父子、段茂堂等的成功，都是遇事不肯轻易放过，旁人看不见的自己便可看见了。如今的放大几千万倍的显微镜，也不过想把从前看不见的东西现在都看见罢了。谦就是态度的谦虚，自己万不可先存一点成见，总要不分地域门户，一概虚心地加以考察后，再决定取舍。这三点都是很要紧的。

　　其次还有个买书的习惯也是必要的，闲时可多往书摊上逛逛，无论什么书都要去摸一摸，你的兴趣就是凭你伸手乱摸后才知道的。图书馆里虽有许多的书供你参考，然而这是不够的。因为你想往上圈画一下都不能，更不能随便地批写。所以至少像对于自己所学的有关的几本必备书籍，无论如何，就是少买一双皮鞋，这些书是非买不可的。

青年人要读书，不必先谈方法，要紧的是先养成好读书、好买书的习惯。

# 治学方法

## 第一讲　引　言

钱校长、各位先生、各位同学：

今天我感觉到很困难，因为当初我接受钱校长与刘院长的电报到台大和师院作学生讲演，我想总是在小屋子里面，只有二三十人，顶多一百人，可以有问有答；在小规模的讲堂里面，还可以有黑板写写字，这样子才可以作一种学术讲演。今天来到这么一个广场里面作学术讲演，的确是生平第一次，一定有许多话给先生们听了觉得太浅，同学们又觉得没有黑板写下来，不容易知道。我的南腔北调的官话依然咬不清楚，一定使大家很失望，所以先要道歉！

当时我收到钱校长与刘院长的电报，我想了几天，我以为他们两位另外有一封详细的信告诉我：是两个学校分开还是合起来讲？是小讲堂还是大讲堂？当时的确没有想到在广场讲演。等了两个星期，他们没有信来，我自动打电报给他们两位；我提出两个题目：在台大讲"治学办法"，在师院讲"杜威哲学"。

杜威先生是我的老师，活了九十多岁，今年才过去。我们一般学生觉得，在自由中国应该有一个机会纪念他，所以杜威哲学这个题目，是当作一个纪念性。

今天讲治学的方法，其实也是带纪念性的。我感觉到台大的故校长——傅斯年先生，他是一个最能干、最能领导一个学校、最能够办事的人。他办过中央研究院，历史语言研究所。他也在我之前先代理过北大校长一年；不是经过那一年，我简直没有办法。后来做台大校长，替台大定下很好的基础。他这个人，不但是国家的一个人，他是世界上很少见的一个多方面的天才，他的记忆力之强更是少有的。普通记忆力强的人往往不能思想；傅先生记忆力强，而且思考力非常敏锐，这种兼有记忆力和思考力的人，是世界上少见的。同时，能够做学问的人不见得能够办事，像我这样子，有时候可以在学问上做一点工作，但是碰到办事就很不行。钱校长说我当北大校长，还可以做研究工作，不是别的，只因为我不会办事。我做校长，完全是无为而治；一切事都请院长、教务长、训导长去办，我从来不过问学校的事；自己关起门来做学问。傅先生能够做学问而又富有伟大的办事能力；像这种治学方法同办事能力合在一块，更是世界上少见的。因为傅先生同我是多年的同事，多年的朋友；同时在做学问这一条路上，我们又是多年的同志。所以我今天在台大来讲治学方法，也可以说是纪念这个伟大而可惜过去得太早的朋友。

我到台大来讲治学方法，的确是很胆怯，因为我在国内教育界服务几十年，我可以告诉台大的同学们：现在台大文史的部门，就是从前在大陆没有"沦陷"的时候也没有看见过有这样集中的人才；在历史、语言考古方面，傅先生把历史语言研究所的人才都带到这里来，同台大原有的人才，和几年来陆续从大陆来的人才连在一块，可以说是中国几十年来办大学空前的文史学风。我很希望，不但在文学院历史学系、语言学系、考古学系的同学们要了解台大文史人才的集中是大陆"沦陷"以前从来没有过的情形，更希望台大各院各系的同学都能够明了，都能够宝贵这个机会，不要错过这个机会。就是学医、学农、学工、学法律、学社会科学的，都可以利用这个机会来打听这许多文史方面领袖的人才是怎样讲学，怎样研究，怎样在学问方面做工作。我不是借这个机会替台大做义务广告，我实在觉得这样的机会是很可宝贵的，所以希望诸位能够同我一样了解台大现在在文史方面的领导地位。

我看到讲台前有很多文史方面的老朋友们，我真是胆怯，因为我不是讲天文学、地质学、物理、化学，是在文史方面讲治学方法。在诸位先生面前讲这个题目真是班门弄斧了。

我预备讲三次：第一次讲治学方法的引论，第二次讲方法的自觉，第三次讲方法与材料的关系。

今天我想随便谈谈治学的方法。我个人的看法，无论什么科学——天文、地质、物理、化学等等——分析起来，都只有一个治学方法，就是做研究的方法。什么是做研究呢？就是说，凡是要去研究一个问题，都是因为有困难问题发生，要等我们去解决它；所以做研究的时候，不是悬空的研究。所有的学问，研究的动机和目标是一样的。研究的动机总是因为发生困难，有一个问题，从前没有看到，现在看到了；从前觉得没有解决的必要，现在觉得有解决的必要的。凡是做学问，做研究，真正的动机都是求某种问题某种困难的解决；所以动机是困难，而目的是解决困难。这并不是我一个人的说法，凡是有做学问做研究经验的人，都承认这个说法。真正说起来，做学问就是研究；研究就是求得问题的解决。所有的学问，做研究的动机是一样的，目标是一样的，所以方法也是一样的。不但是现在如此，我们研究西方的科学思想，科学发展的历史，再看看中国二千五百年来凡是合于科学方法的种种思想家的历史，知道古今中外凡是在做学问做研究上有成绩的人，他的方法都是一样的。古今中外治学的方法是一样的。为什么是一样呢？就是因为做学问做研究的动机和目标是一样的。从一个动机到一个目标，从发现困难到解决困难，当中有一个过程，就是所谓方法。从发现困难那一天起，到解决困难为止，当中这一个过程，可能很长，也可能很短。有的时候要几十年，几百年才能解决一个问题；有时候只要一个钟头就可以解决一个问题。这个过程就是方法。

刚才我说方法是一样的，方法是甚么呢？我曾经有很多时候，想用文字把方法做成一个公式、一个口号、一个标语，把方法扼要说出来；但是从来没有一个满意的表现方式。现在我想起我二三十年来关于方法的文章里面，有两句话也许可以算是讲治学方法的一种很简单扼要的话。

那两句话就是："大胆地假设、小心地求证。"要大胆地提出假设，但这种假设还得想法子证明。所以小心地求证，要想法子证实假设或者否定假设，比大胆地假设还更重要。这十个字是我二三十年来见之于文字，常常在嘴里向青年朋友们说的。有的时候在我自己的班上，我总希望我的学生们能够了解。今天讲治学方法论，可以说就是要说明什么叫做假设；什么叫做大胆地假设；怎么样证明或者否证假设。

刚才我说过，治学的方法、做研究的方法，都是基于一个困难。无论是化学、地质学、生物学、社会科学上的一个问题，都是一个困难。当困难出来的时候，本于个人的知识、学问，就不知不觉地提出假设，假定有某几种可以解决的方案。比方诸位在台湾这几年看见杂志上有讨论《红楼梦》的文章，就是所谓红学，到底《红楼梦》有什么可以研究的呢？《红楼梦》里发生了什么问题呢？普通人看《红楼梦》里面的人物，都是不发生问题的，但是有某些读者却感觉到《红楼梦》发生了问题：《红楼梦》究竟是什么意思？当时写贾宝玉、林黛玉这些人的故事有没有背景？

有没有"微言大义"在里面？写了一部七八十万字的书来讲贾家的故事，讲一个纨绔子弟贾宝玉同许多漂亮的丫头、漂亮的姊妹亲戚们的事情，有什么意义没有？这是一个问题。怎么样解决这个问题呢？当然你有一个假设，他也有一个假设。

在二三十年前，我写《红楼梦考证》的时候，有许多关于《红楼梦》引起的问题的假设的解决方案。有一种是说《红楼梦》含有种族思想，书中的人物都是影射当时满洲的官员，林黛玉是暗指康熙时候历史上一个有名的男人；薛宝钗、王凤姐和那些丫头们都是暗指历史上的人物。还有一种假设说贾宝玉是指一个满洲宰相明珠的儿子叫做纳兰性德——他是一个了不起的天才很高的文学家——那些丫头、姐妹亲戚们都是代表宰相明珠家里的一班文人清客；把书中漂亮的小姐们如林黛玉、薛宝钗、王凤姐、史湘云等人都改装过来化女为男。我认为这是很不可能，也不需要化装变性的说法。

后来我也提出一个假设。我的假设是很平常的：《红楼梦》这本书，从头一回起，作者就说这是我的自传，是我亲自所看见的事体。我的假设就是说，《红楼梦》是作者的自传，是写他亲自看见的家庭。贾宝玉就是曹雪芹；《红楼梦》就是写曹家的历史。曹雪芹是什么人呢？他的父亲叫曹頫，他的祖父叫做曹寅；一家三代四个人做江宁织造，做了差不多五十年。所谓宁国府、荣国府，不是别的，就是指他们祖父、父亲、两个儿子，三代四个人把持五十多年的江宁织造的故事。书中说道，"皇帝南巡的时候，我们家里接驾四次。"如果在普通人家，招待皇帝四次是可能倾家荡产的；这些事在当时是值得一吹的。所以曹雪芹虽然将真事隐去，仍然舍不得要吹一吹。曹雪芹后来倾家荡产做了文丐，成了叫化子的时候，还是读书喝酒，跟书中的贾宝玉一样。这是一个假设，我举出来作一个例子。

要解决"《红楼梦》有什么用意"这个问题，当然就有许多假设。提出问题求解决，是很好的事情；但要先看这些假设是否能够得到证明。凡是解决一个困难的时候，一定要有证明。我们看这些假设，有的说这本书是骂满洲人的；是满洲人统治中国的时候，汉人含有民族隐痛，写出来骂满洲人的。有的说是写当时的一个大户人家，宰相明珠家中天才儿子纳兰性德的事。有的说是写康熙一朝的政治人物。而我的假设呢？我认为这部书不是谈民族的仇恨，也不是讲康熙时候的事。都不是的！从事实上照极平常的做学问的方法，我提出一个很平常的假设，就是《红楼梦》这本书的作者在开头时说的，他是在说老实话，把他所看见的可爱的女孩子们描写出来；所以书中描写的人物可以把个性充分表现出来。方才说的"大胆的假设"就是这种假设。我恐怕我所提出的假设只够得上小胆的假设罢了！

　　凡是做学问，不特是文史方面的，都应当这样。譬如在化学实验室做定性分析，先是给你一盒东西，对于这盒东西你先要做几个假设，假设某种颜色的东西是什么，然后再到火上烧烧看，试验管发生了什么变化：这都是问题。这与《红楼梦》的解释一样的有问题；做学问的方法是一样的。我们的经验，我们的学问，是给我们一点知识以供我们提出各种假设的。所以"大胆的假设"就是人人可以提出的假设。因为人人的学问，人人的知识不同，我们当然要容许他们提出各种各样的假设。一切知识、一切学问是干什么用的呢？为什么你们在学校的这几年中有许多必修与选修的学科？都是给你们用；就是使你在某种问题发生的时候，脑背后就这边涌上一个假设，那边涌上一个假设。做学问，上课，一切求知识的事情，一切经验——从小到现在的经验，所有学校功课与课外的学问，为的都是供给你种种假设的来源，使你在问题发生时有假设的材料。如果遇上一个问题，手足无措，那就是学问、知识、经验，不能应用，所以看到一个问题发生，就没有法子解决。这就是学问知识里面不能够供给你一些活的材料，以为你做解决问题的假设之用。

　　单是假设是不够的，因为假设可以有许多。譬如《红楼梦》这一部小说，就引起了这么多假设。所以第二步就是我所谓"小心地求证"。在真正求证之先，假设一定要仔细选择选择。这许多假设，就是假定的解决方法，看哪一个假定的解决方法是比较近情理一点，比较可以帮助我们解决那个开始发生的那个困难问题。譬如《红楼梦》是讲的什么？有什么意思没有？有这么多的假定的解释来了，在挑选的时候先要看哪一个假定的解释比较能帮助你解决问题，然后说：对于这一个问题，我认为我的假设是比较那个满意解决的。譬如我的关于《红楼梦》的假设，曹雪芹写的是曹家的传记，是曹雪芹所看见的事实。贾母就是曹母，贾母以下的丫头们也都是他所看见的真实人物。当然名字是改了，姓也改了。但是我提出这一个假设，就是说《红楼梦》是曹雪芹的自传，最要紧的是要求证。我能够证实它，我的假设才站得住；不能证实，它就站不住。求证就是要看你自己所提出的事实是不是可以帮助你解决那个问题。要知道《红楼梦》讲什么，就要做《红楼梦》的考证。现在我可以跟诸位做一个坦白的自白。我做《红楼梦考证》那三十年中，曾经写了十几篇关于小说的考证，如《水浒传》、《儒林外史》、《三国演义》、《西游记》、《老残游记》、《三侠五义》等书的考证。而我费了最大力量的，是一部讲怕老婆的故事的书，叫做《醒世姻缘》，约有一百万字。我整整花了五年的工夫，做了五万字的考证。也许有人要问，胡适这个人是不是发了疯呢？天下可做学问很多，而且是学农的，为什么不做一点物理化学有关科学方面的学问呢？为什么花多少年的工夫来考证《红楼梦》、《醒世姻缘》呢？我现在做一个坦白的自白，就是：

我想用一种偷关漏税的方法来提倡一种科学的治学方法。我所有的小说考证，都是用人人知道的材料，用偷关漏税的方法，来讲做学问的方法的。譬如讲《红楼梦》，至少我对于研究《红楼梦》问题，我对它的态度的谨严，自己批评的严格，方法的自觉，同我考据《水经注》是一样的。我对于小说材料，看作同化学问题的药品材料一样，都是材料。我拿《水浒传》、《醒世姻缘》、《水经注》等书做学问的材料。拿一种人人都知道的材料用偷关漏税的方法，要人家不自觉地养成一种"大胆地假设，小心地求证"的方法。

假设是人人可以提的。譬如有人提出骇人听闻的假设也无妨。假设是愈大胆愈好。但是提出一个假设，要想法子证实它。因此我们有了大胆的假设以后，还不要忘了小心地求证。比如我考证《红楼梦》的时候，我得到许多朋友的帮助，我找到许多材料。我已经印出的本子，是已经改了多少次的本子。我先要考出曹雪芹于《红楼梦》以外有没有其他著作？他的朋友和同他同时代的人有没有什么关于他的著作？他的父亲、叔父们有没有什么关于他的记载？关于他一家四代五个人，尤其是关于他的祖父曹寅，有多少材料可以知道他那时候的地位？家里有多少钱，多么阔？是不是真正能够招待皇帝到四次？我把这些有关的证据都想法找了来，加以详密的分析，结果才得到一个比较认为满意的假设，认定曹雪芹写《红楼梦》，并不是什么微言大义；只是一部平淡无奇的自传——曹家的历史。我得到这一家四代五个人的历史，就可以帮助说明。当然，我的假设并不是说就完全正确；但至少可以在这里证明"小心"求证这个功夫是很重要的。

现在我再举一个例来说明，方才我说的是先是发生问题，然后是解决问题。要真正证明一个东西，才做研究。要假设一个比较最能满意的假设，来解决当初引起的问题。譬如方才说的《红楼梦》，是比较复杂的。但是我认为经过这一番的研究，经过这一番材料的搜集，经过这一番把普通人不知道的材料用有系统的方法来表现出来，叙述出来，我认为我这个假设在许多假设中，比较最能满意地解答"《红楼梦》说的是什么？有什么意思？"

方才我提到一部小说，恐怕是诸位没有看过的，叫做《醒世姻缘》，差不多有一百万字，比《红楼梦》还长，可以说是中国旧小说中最长的。这部书讲一个怕老婆的故事。他讨了一个最可怕的太太。这位太太用各种方法打丈夫的父母、朋友。她对于丈夫，甚至于一看见就生气，不但是打，有一次用熨斗里的红炭从她丈夫的官服圆领口倒了进去，几乎把他烧死；有一次用洗衣的棒槌打了他六百下，也几乎把他打死。把这样一个怕老婆的故事述叙了一百万字以上，结果还是没有办法解脱。为什么呢？说这是前世的姻缘。书中一小半，差不多有五分之一是写前世的事。后半部是讲第二世的故事。在前世被虐待的人，是这世的虐待者。婚姻问题是前世的姻缘，没有法子解脱的。想解脱也解脱不了。结果只能念经做好事。在现代摩登时代的眼光看，这是一个很迷信的故事。但是这部书是了不得的。用一种山东淄川的土话描写当时的人物有一种诙谐的风趣的；描写荒年的情形更是历历如绘。这可以说是世界上一部伟大的小说。我就提倡把这部书用新的标点符号标点出来，同书局商量翻印。写这本书的人是匿名，叫西周生。西周生究竟是什么人呢？于是我做了一个大胆的假设；这个假设可以说是大胆的（方才说的，我对于《红楼梦》的假设，可以说是小胆的假设）。我认为这部书就是《聊斋志异》的作者蒲松龄写的。我这个假设有什么根据呢？为什么引起我做这种假设呢？这个假设从哪里来的呢？平常的经验、知识、学问，都是给我们假设用的。我的证据是在《聊斋志异》上一篇题名为《江城》的小说。这个故事的内容结构与《醒世姻缘》一样，不过《江城》

是一个文言的短篇小说；《醒世姻缘》是白话的长篇的小说。《醒世姻缘》所描写的男主角所以怕老婆，是因为他前世曾经杀过一个仙狐，下一世仙狐就转变为一个女人做他的太太，变得很凶狠可怕。《聊斋志异》里的短篇《江城》所描写，也是因为男主角杀过一个长生鼠，长生鼠也就转世变为女人来做他的太太，以报复前世的冤仇。这两个故事的结构太一样了，又都同时出在淄川，所以我就假设西周生就是蒲松龄。我又用语言学的方法，把书里面许多方言找出来。运气很好，正巧那几年国内发现了蒲松龄的几部白话戏曲，尤其是长篇的戏曲，当中有一篇是将《江城》的故事编写成白话戏曲的。我将这部戏曲里的方言找出来，和《醒世姻缘》里面的方言详细比较，有许多特别的字集成为一个字典，最后就证明《醒世姻缘》和《江城》的白话戏曲的作者是同一个小区域里的人。再用别的方法来证明那个时代的荒年；后来从历史的记载里得到了同样的结果。考证完了以后，就有书店来商量印行，并排好了版。我因为想更确实一点，要书局等一等；一等就等了五年。到了五年才印出来。当时傅先生很高兴——因为他是作者的同乡，都是山东人。我举一个例，就是说要大胆地假设，而单只假设还是不够的。后来我有一个在广西桂县的学生来了封信，告诉我说，这个话不但你说，从前已经有人说过了。乾隆时代的鲍廷博，他说留仙（蒲松龄）除了《聊斋志异》以外，还有一部《醒世姻缘》。因鲍廷博是刻书的，曾刻行《聊斋志异》。他说的话值得注意。我经过几年的间接证明，现在至少有个直接的方法帮助我证明了。

我所以举这些例，把这些小说当成待解决的问题看，目的不过是要拿这样人人都知道的材料，来灌输介绍一种做学问的方法。这个方法的要点，就是方才我说的两句话："大胆地假设，小心地求证。"如果一个有知识有学问有经验的人遇到一个问题，当然要提出假设，假定的解决方法。最要紧的是还要经过一番小心的证实，或者否证它。如果你认为证据不充分，就宁肯悬而不决，不去下判断。再去找材料。所以小心的求证很重要。

时间很短促，最后我要引用台大故校长傅先生的一句口号，来结束这次讲演。他这句口号是在民国十七年开办历史语言研究所时的两句名言，就是"上穷碧落下黄泉，动手动脚找东西。"这两句话前一句是白居易《长恨歌》中的一句，后一句是傅先生加上的。今天傅校长已经去世，可是今天在座的教授李济之先生却还大为宣传这个口号，可见的确是我们治学的人应该注意的。假设人人能提，最要紧的是能小心地求证；为了要小心地求证，就必须："上穷碧落下黄泉，动手动脚找东西。"今天讲得很浅近，尤其是在座有许多位文史系平常我最佩服的教授，还请他们多多指教。

## 第二讲　方法的自觉

钱校长、各位先生、各位同学：

上次我在台大讲治学方法的引论，意思说我们须把科学方法——尤其是科学实验室的态度——应用到文史和社会科学方面。治学没有什么秘诀；有的话就是："思想和研究都得要注意证据。"所以我上次提出"大胆地假设，小心地求证"两句话作为治学的方法，后来钱校长对我说：学理、工、农、医的人应该注重在上一句话"大胆地假设"，因为他们都已比较地养成了一种小心求证的态度和习惯了；至于学文史科学和社会科学的人，应该特别注重下一句话"小心地求证"，因为他们没有养成求证的习惯。钱校长以为这两句话应该有一种轻重的区别：这个意思，我大体赞成。

今天我们讲治学方法第二讲：方法的自觉。单说方法是不够的；文史科学和社会科学的错误，往往由于方法的不自觉。方法的自觉，就是方法的批评。自己批评自己，自己检讨自己，发现自己的错误，纠正自己的错误。做科学实验室工作的人，比较没有危险，因为他随时随地都有实验的结果可以纠正自己的错误。他假设在某种条件之下就应该产生某种结果；如果某种条件具备而不产生某种结果，这就是假设的错误。他便毫不犹豫地检讨错误在什么地方，重新修正，所以他可以随时随地地检讨自己、批评自己、修正自己：这就是自觉。

但我对钱校长说的话也有一点修正。做自然科学的人，做应用科学的人，学理、工、农、医的人，虽然养成了科学实验室的态度，但是他们也还是人，并不完全是超人，所以也不免有人类通有的错误。他们穿上实验室的衣服，拿上了试验管、天平、显微镜，做科学实验的时候，的确是很严格的。但是出了实验室，他们穿上了礼拜堂的衣服，就完全换了一个态度。这个时候，他们不一定能够保持实验室的"大胆地假设，小心地求证"的态度。一个科学家穿上礼拜的衣服，方法放假了，思想也放假了：这是很平常的事。我们以科学史上很有名的英国物理学家洛奇先生（Sir Oliver Lodge）为例。他在物理学上占很多的地位；当他讨论到宗教信仰问题的时候，就完全把科学的一套丢了。大家都知道他很相信鬼。他谈到鬼的时候，就把科学实验室的态度和方法完全搁开。他要同鬼说话，同鬼见面。他的方法不严格了，思想也放假了。

真正能够在实验室里注重小心求证的方法，出了实验室还能够把实验室的态度应用到社会问题、人生问题、道德问题、宗教问题的——这种人很少。今天我特别要引一个人的话作我讲演的材料：这人便是赫胥黎（T.H.Huxley）。他和达尔文二人，常常能够保持实验室的态度，严格地把这个方法与态度应用到人生问题和思想信仰上去。1860年，赫胥黎最爱的一个儿子死了。他有一个朋友，是英国社会上很有地位的文学家、社会研究家和宗教家，名叫金司莱（Charles Kinsley）。他写了一封信安慰赫胥黎，趁这个机会说："你在最悲痛的时候，应该想想人生的归宿问题吧！应该想想人死了还有灵魂，灵魂是不朽的吧！你总希望你的儿子，不是这么死了就了了。你在最哀痛的时候，应该考虑考虑灵魂不朽的问题呵！"因为金司莱的地位很高，人格是很可敬的，所以赫胥黎也很诚恳地写了一封长信答复他。这信里有几句话，值得我引来作讲方法自觉的材料。他说："灵魂不朽这个说法，我并不否认，也不承认，因为我找不出充分的证据来接受它。我平常在科学室里的时候，我要相信别的学说，总得要有证据。假设你金司莱先生能够给我充分的证据——同样力量的证据，那么，我也可以相信灵魂不朽这个说法。但是，我的年纪越大，越感到人生最神圣的一件举动，就是口里说出和心里觉得'我相信某件事物是真的'；我认为说这一句话是人生最神圣的一件举动，人生最大的报酬和最大的惩罚都跟着这个神圣的举动而来的。"赫胥黎是解剖学大家。他又说："假如我在实验室做解剖、做生理学试验的时候，遇到一个小小的困难，我必须要严格地不信任一切没有充分证据的东西，我的工作才可以成功。我对于解剖学或者生理学上小小的困难尚且如此，那么，我对人生的归宿问题，灵魂不朽问题，难道可以放弃我平常的立场和方法吗？"我在好几篇文章里面常常引到这句话。今天摘出来作为说方法自觉的材料。赫胥黎把嘴里说出来，心里觉得"我相信某件事物是真的"这件事，看作人生最神圣的一种举动。无论是在科学上的小困难，或者是人生上的大问题，都得要严格地不信任一切没有充分证据的东西：这就是科学的态度，也就是做学问的基本态度。

在文史方面和社会科学方面的研究，还没有能够做到这样严格。我们以美国今年的大选同四年前的大选来做说明。1948年美国大选有许多民意测验研究所，单是波士顿一个地方就有七个民意测验研究所。他们用社会科学家认为最科学的方法来测验民意。他们说：杜鲁门一定失败，杜威一定成功。到了选举的时候，杜鲁门拿到总投票百分之五十点四，获得了胜利。被社会科学家认为最科学、最精密的测验方法，竟告不灵；弄得民意测验研究所的人，大家面红耳赤，简直不敢见人，几乎把方法的基础都毁掉了。许多研究社会科学、自然科学、统计学的朋友说，不要因为失败，就否认方法；这并不是方法错了，是用方法的人不小心，缺乏自觉的批评和自觉的检讨。今天美国大选，所有民意测验机构都不敢预言谁能得胜了；除了我们平时不挂"民意测验"、"科学方法"招牌的人随便谈的时候还敢说"我相信艾森豪威尔（艾森豪）会得胜"外，连报纸专栏作家和社论专家都不敢预言，都说今年大选很不容易推测。结果艾森豪威尔（艾森豪）获得了百分之五十五的空前多数。为什么他们的测验含有这样的错误呢？他们是向每一个区域、每一类有投票权的人征询意见把所得到的结果发表出来，比方今年，有百分之四十九的人赞成共和党艾森豪威尔（艾森豪），百分之四十七赞成民主党史蒂文生，还有百分之四没有意见，1948年的选举，百分之五十点四便可以胜利——其实百分之五十点一就够了，百分之五十点零零一也可以胜利。所以这百分之四没有表示意见的人，关系很大。在投票之前，他们不表示意见，当投票的时候，就得表示意见了。到了这个时候，不说百分之一，就是千分之一也可以影响全局。没有计算到这里面的变化，就容易错误了。以社会科学最精密的统计方法，尚且有漏洞，那么，在文史的科学上面，除了考古学用实物做证据以及很严格的历史研究之外，普通没有受过科学洗礼的人没有严格的自己批评自己的人，便往往把方法看得太不严格，用得太松懈了。

　　有一个平常我最不喜欢举的例子，今天我要举出来简单地说一说。社会常常笑我，报纸上常常挖苦我的题目。就是《水经注》的案子。为什么我发了疯，花了五年多的工夫去研究《水经注》这个问题呢？我得声明，我不是研究《水经注》本身，我是重审一百多年的《水经注》的案子。我花五年的工夫来审这件案子，因为一百年来，有许多有名的学者，如山西的张穆、湖南的魏源、湖北的杨守敬和做了许多地理学说为现代学者所最佩服的浙江王国维以及江苏的孟森：他们都说我所最佩服的十八世纪享有盛名的考古学者、我的老乡戴震（东原）先生是个贼，都说他的《水经注》的工作是偷了宁波全祖望、杭州赵一清两个人的《水经注》的工作的。说人家做贼，是一件大事，是很严重的一件刑事诉讼。假如我的老乡还活着的话，他一定要提出反驳，替自己辩白。但是他1777年死的，到现在已经死了一七五年，骨头都烂掉了，没有法子再跑回来替自己辩护。而这一班大学者，用大学者的威权，你提出一些证据，他提出一些证据，一百年来不断地提出证据——其实都不是靠得住的证据——后来积非成是，就把我这位老乡压倒了，还加上很大的罪名，说他做贼，说他偷人家的书来做自己的书。一般读书的人，都被他们的大名吓倒了，都相信他们的"考据"，也就认为戴震偷别人的书，已成定论，无可疑了。我在九年前，偶然有一点闲工夫，想到这一位老乡是我平常最佩服的，难道他是贼吗？我就花了六个月的时间，把他们几个人提出的一大堆证据拿来审查，提出了初步的报告。后来觉得这个案子很复杂，材料太多，应该再审查。一审就审了五年多，才把这案子弄明白；才知道这一百多年的许多有名的学者，原来都是糊涂的考证学者。他们太懒，不肯多花时间，只是关起门考证，随便找几条不是证据的证据，判决一个死人做贼；因此构成了一百多年来一个大大的冤狱！

我写了一篇关于这个案子的文章，登在美国国会图书馆的刊物上。英美法系的证据法，凡是原告或检察官提出来的证据，经过律师的辩论，法官的审判，证据不能成立的时候，就可以宣告报告无罪。照这个标准，我只要把原告提出来的证据驳倒，我的老乡戴震先生就可以宣告无罪了，但是当我拿起笔来要写中文的判决书，就感觉困难。我还得提出证据来证明戴震先生的确没有偷人家的书，没有做贼。到这个时候，我才感到英美法系的证据法的标准，同我们东方国家的标准不同。于是我不但要作考据，还得研究证据法。我请教了好几位法官：中国证据法的原则是什么？他们告诉我：中国证据法的原则只有四个字，就是"自由心证"。这样一来，我证明原告的证据不能成立还不够，还得要做侦探，到处搜集证据。搜了五年，才证明我的老乡的确没有看见全祖望、赵一清的《水经注》。没有机会看到这些书，当然不会偷了这些书，也就没有做贼了。

我花了五年的工夫得着这个结论；我对于这个案件的判决书就写出来了。这虽然不能当做专门学问看，至少也可以作为文史考证的方法。我所以要做这个工作，并不是替老乡打抱不平，替他做律师，做侦探。我上次说过，我借着小说的考证，来解说治学的方法。同样的，我也是借《水经注》一百多年的糊涂官司，指出考证的方法。如果没有自觉的批评、检讨、修正，那就很危险。根据五年研究《水经注》这个案子的经验，我认为做文史考据的人，不但要时时刻刻批评人家的方法，还要批评自己的方法。五年的审判经验，给了我一个教训。为什么这些有名的考证学者会有这么大的错误呢？为什么他们会冤枉一位死了多年的大学者呢？我的答案是：这些做文史考据的人，没有自觉的方法。刚才说过，自觉就是自己批评自己，自己检讨自己，自己修正自己。这是最重要的一点。在文史科学、社会科学方面，我们不但要小心地求证，还得要批评证据。自然科学家就不会有这种毛病，因为他们在实验室的方法就是一种自觉的方法。所谓实验，就是用人工照出证据来证明一个学说、理论、思想、假设。比方天然界的水，不能自然地分解成氢气和氧气。化学家在做实验的时候，可以用人工把水分成氢气和氧气各为若干成分。天然界不存在的东西，看不见的形状，科学家在实验室里面用人工使他们生产出来，以证明某种假设。这就是所谓实验，文史科学、社会科学没有法子创造证据。我们的证据全靠前人留下来的；留在什么地方，我们就到什么地方去找。不能说找不到便由自己创造出一个证据来。如果那样，就是伪证，是不合法的。

我们既然不能像自然科学家一样，用实验的方法来创造证据，那么，怎么办呢？除了考古学家还可以从地下发觉证据以外，一般文史考证，只好在这本书里头去发现一条，在那本书里面去发现一条，来作为考证的证据。但是自己发现的证据，往往缺乏自己检讨自己的方法。怎么样才可以养成方法的自觉呢？今天我要提出一个答案，这个答案是我多年以来常常同朋友们谈过，有时候也见诸文字的。中国的考证学，所谓文史方面的考证，是怎么来的呢？我们的文史考证同西方不一样。西方是先有了自然科学，自然科学的方法已经应用了很久，并且已经演进到很严格的地步了，然后才把它应用到人文科学方面，所以他们所用的方法比较好些。我们的考证学已经发达了一千年，至少也有九百年，或者七百年的历史了。从宋朝朱子（殁于西历 1200 年）以来，我们就已经有了所谓穷理、格物、致知的学问，却没有自然科学的方法。人家西方是从自然科学开始；我们却是从人文科学开始。我们从朱子考证《尚书》、《诗经》等以来，就已经开了考证学的风气；但是他们怎么样得到考据的方法呢？他们所用的考证、考据，这些名词，都是法律上的名词。中国的考据学的方法，都是过去读书人做了小官，在判决官司的时候得来的。在唐宋时代，一个中了进士的人，必须先放出去做县尉等小官。他们的任务就是帮助知县审判案子，以训练判案的能力。于是，一般聪明的人，在做了亲民的小官之后，就随时诚诚恳恳地去审判人民的诉讼案件。久而久之，就从判案当中获得了一种考证、考据的经验。考证学就是这样出来的。我们讲到考证学，讲到方法的自觉，我提议我们应该参考现代国家法庭的证据法（Law of Evidence）。在西方证据法发达的国家，尤其是英美，他们的法庭中，都采用陪审制度，审案的时候，由十二个老百姓组成陪审团，听取两边律师的辩论。在陪审制度下，两边律师都要提出证人证物；彼此有权驳斥对方的证人证物。驳来驳去，许多证人证物都因此不能成立，或者减少了作证的力量。同时因为要顾到驳斥的关系，许多假的、不正确的和不相干的证据，都不能提出来了。陪审员听取两边的辩驳之后，开会判断谁有罪，谁无罪。然后法官根据陪审员的判断来定罪。譬如你说某人偷了表，你一定要拿出证据来。假如你说因为昨天晚上某人打了他的老婆，所以证明他偷了你的表，这个证明就不能成立。因为打老婆与偷表并没有关系。你要把这个证据提出来打官司，法官就不会让你提出来。就是提出来也没有力量。就算你修辞很好，讲得天花乱坠，也是没用的。因为不相干的证据不算是证据。陪审制度允许两边律师各驳斥对方的证据，所以才有今天这样发达的证据法。

我们的考据学，原来是那些早年做小官的人，从审判诉讼案件的经验中学来的一种证据法。我今天的提议，就是我们做文史考据的人，用考据学的方法，以证据来考订过去的历史的事实，以证据来批判一件事实的有无、是非、真假。我们考证的责任，应该同陪审员或者法官判决一个罪人一样，有同等的严重性。我们要使得方法自觉，就应该运用证据法上允许两边驳斥对方所提证据的方法，来作为我们养成方法自觉的一种训练。如果我们关起门来做考据，判决这个人做贼，那个人是汉奸，是贪官污吏，完全用自己的判断来决定天下古今的是非、真伪、有无；在我们的对面又没有律师来驳斥我们：这样子是不行的。我们要假定有一个律师在那里，他随时要驳斥我们的证据，批评我们的证据是否可靠。要是没有一个律师在我们的面前，我们的方法就不容易自觉，态度也往往不够谨慎，所得的结论也就不够正确了。所以，我们要养成自觉的习惯，必须树立两个自己审查自己的标准：

第一，我们要问自己：你提出的这个证人可靠吗？他有做证人的资格吗？你提出来的证物可靠吗？这件证物是从哪里来的？这个标准是批评证据。

第二，我们还要问自己：你提出的这个证人或者证物是要证明本案的哪一点？譬如你说这个人偷了你的表，你提的证据却是他昨天晚上打老婆。这是不相干的证据，这不能证明他偷了你的表。像这种证据，须要赶出法庭之外去。

要做到方法的自觉，我觉得唯一的途径，就是自己关起门来做考据的时候，就要如临师保，如临父母。我们至少要做到上面所提的两个标准：一要审查自己的证据可靠不可靠；二要审查自己的证据与本案有没有相干。还要假定对方有一个律师在那里，随时要驳斥或者推翻我们的证据。如果能够做到这样，也许可以养成我开始所讲的那个态度，就是要严格地不信任一切没有充分证据的东西。这就是我的提议。

最后，我要简单说一句话：要时时刻刻自己检讨自己，以养成做学问的良好习惯。台大的钱校长和许多研究自然科学、历史科学的人可以替我证明：科学方法论的归纳法、演绎法，教你如何归纳，如何演绎，并不是养成实验室的态度。实验室的态度，是天天在那里严格地自己检讨自己，创造证据来检讨自己，在某种环境之下，逼得你不能不养成某种好习惯。

刚才我说的英国大科学家洛奇先生，在实验室是严格的，出了实验室就不严格了。大科学家尚且如此！所以我们要注意，时时刻刻保持这种良好的习惯。

科学方法是怎么得来的呢？一个人有好的天资、好的家庭、好的学校、好的先生，在极好的环境中，就可以养成了某种好的治学的习惯，也可以说是养成了好的做人的习惯。

比如明朝万历年间福建陈第先生，用科学方法研究中国的古音，证明衣服的"服"字古音读"逼"。他从古书里面，举出二十个证据来证明。过了几十年，江苏昆山的一个大思想家，也是大考据家，顾亭林先生，也作同样的考证。他举出一六二个证据来证明"服"字古音"逼"。那个时候，并没有归纳法、演绎法，但是他们从小就养成了某种做学问的好习惯。所以，我们要养成方法的自觉，最好是如临师保，如临父母，假设对方有律师在打击我，否认我提出的一切证据。这样就能养成良好的习惯。

宋人笔记中记有一个少年的进士问同乡老前辈："做官有什么秘诀？"那个老前辈是个参政（副宰相），约略等于现在的行政院副院长，回答道："做官要勤、谨、和、缓。"后人称为"做官四字诀"。我在小孩子的时候，就听到这个故事，当时没有注意。从前我们讲治学方法，讲归纳法、演绎法；后来年纪老一点了，才晓得做学问有成绩没有，并不在于读了"逻辑学"没有，而在于有没有养成"勤、谨、和、缓"的良好习惯。这四个字不但是做官的秘诀，也是良好的治学习惯。现在我把这四个字分别说明，作为今天演讲的结论。

第一，勤。勤就是不躲懒，不偷懒。我上次在台大讲演，提到台大前校长傅斯年先生两句口号："上穷碧落下黄泉，动手动脚找东西。"那就是勤。顾亭林先生的证明"服"字古音是"逼"，找出一六二个证据，也是勤。我花了几年的工夫来考证《醒世姻缘》的作者；又为"审判"《水经注》的案子，上天下地去找材料。花了五年多的工夫：这都是不敢躲懒的意思。

第二，谨。谨就是不苟且、不潦草、不拆滥污。谨也可以说是恭敬的"敬"。孔子说"执事敬"，就是教人做一件事要郑重地去做，不可以苟且。他又说，"出门如见大宾，使民如承大祭。"都是敬事的意思。一点一滴不苟且，一字一笔都不放过，就是谨。谨，就是"小心的求证"中的"小心"两个字。

刚才我引了赫胥黎的两句话："人生最神圣的一件举动就是嘴里说出，心里觉得'我相信某件事物事真的'。"判断某人做贼，某人卖国，要以神圣的态度做出来；嘴里说这句话，心里觉得"相信是真的"。这真是要用孔夫子所谓"如见大宾，如承大祭"的态度的。所以，谨就是把事情看得严谨，神圣，就是谨慎。

第三，和。和就是虚心，不武断，不固执己见，不动火气。作考据，尤其是用证据来判断古今事实的真伪、有无、是非，不能动火气。不但不正当的火气不能动，就是正义的火气也动不得。做学问要和平、虚心。动了肝火，是非就看不清楚。赫胥黎说："科学好像教训我们：你最好站在事实的面前，像一个小孩子一样；要愿意抛弃一切先入的成见，要谦虚地跟着事实走，不管它带你到什么危险的境地去。"这就是和。

第四，缓。宋人笔记："当那位参政提出'缓'字的时候，那些性急的人就抗议说缓要不得，不能缓。"缓，是很要紧的。就是叫你不着急，不要轻易发表，不要轻易下结论，就是说"凉凉去吧！搁一搁、歇一歇吧！"凡是证据不充分或不满意的时候，姑且悬而不断，而是去找新材料。等找到更好的证据的时候，再来审判这个案子。这是最重要的一点。许多问题，在证据不充分的时候，绝对不可以下判断。达尔文有了生物进化的假设以后，搜集证据，反复实验，花了二十年的工夫，还以为自己的结论没有到了完善的地步，而不肯发表。他同朋友通信，曾讨论到生物的演化是从微细的变异积累起来的，但是总是不肯正式发表。后来到了1858年，另外一位科学家华立氏（Wallace）也得到了同样的结论。写了一篇文章寄给达尔文，要达尔文代为提出。达尔文不愿自己抢先发表而减低华立氏发现的功绩，遂把全盘事情交两位朋友处理。后来这两位朋友决定，把华立氏文章以及达尔文在1857年写给朋友的信和在1844年所做理论的撮要同时于1858年7月1日发表。达尔文这样谦让，固然是盛德，但最重要的是，他给了我们一个"缓"的例子。他的生物进化论，因为自己觉得证据还没有十分充足，从开始想到以后，经过二十年还不肯发表：这就是缓。我以为缓字很重要。如果不能缓，也就不肯谨，不肯勤，不肯和了。

我今天讲的都是平淡无奇的话。最重要的意思是：做学问要能够养成"勤、谨、和、缓"的好习惯；有了好习惯，当然就有好的方法，好的结果。

## 第三讲　方法与材料

钱校长、各位先生、各位同学：

在三百多年以前，英国有一位哲学家叫做培根（Francis Bacon）。他可以说是鼓吹方法论革命的人。他有一个很有趣的譬喻，他将做学问的人运用材料比做三种动物。第一种人好比蜘蛛。他的材料不是从外面找来，而是从肚里面吐出来的。他用他自己无穷无尽的丝做成很多很好看的蜘蛛网。这种人叫做蜘蛛式的做学问的人。第二种人好比蚂蚁。他也找材料，但是找到了材料不会用，而堆积起来，好比蚂蚁遇到什么东西就背回洞里藏起来过冬，但是他不能够自己用这种材料做一番制造的功夫。这种做学问的人叫做蚂蚁式的学问家。第三种人可宝贵了，他们好比蜜蜂。蜜蜂飞出去到有花的地方，采取百花的精华。采了回来，自己加上一番制造的功夫，成了蜜糖。培根说，这是做学问人的最好的模范——蜜蜂式的学问家。我觉得这个意思，很可以作为我今天讲"方法与材料"的说明。

在民国十七年（西历1928年），台大前任校长傅斯年先生同我两个人在同一年差不多同时发表了两篇文章。他那时并没有看见我的文章，我也没有看见他的文章。事后大家看见了，都很感兴趣，因为都是同样的注重在方法与材料之间的关系。傅先生那篇文章题目是《中央研究院历史语言研究所工作旨趣》。我那篇文章的题目是《治学的方法与材料》。都是特别提倡扩大研究的材料的范围，寻求书本以外的新材料的。

民国十五年，我第一次到欧洲，是为了去参加英国对庚子赔款问题的一个会议。不过那时候我还有一个副作用（我自己认为是主要的作用），就是我要去看看伦敦、巴黎两处所藏的史坦因（Stein）、伯希和（Pelliot）两位先生在中国甘肃省敦煌所偷去的敦煌石室材料。诸位想都听见过敦煌材料的故事，那是最近五十多年来新材料发现的一个大的来源。

在敦煌有一个地方叫千佛洞，是许多山洞。在这些山洞里面造成了许多庙，可以说是中古时期的庙。其中有一个庙里面有一个藏书楼——书库，原来是藏佛经的书库，就是后来报上常提起的"敦煌石室"。在这个书库里面藏有许多卷子——从前没有现在这样的书册，所有的书都是卷子。每一轴卷子都是把许多张纸用一种很妙的粘法连起来的。很妙的粘法！经过一千多年都不脱节,不腐蚀。这里面大概有一万多中国中古时代所写的卷子。有许多卷子曾由当时抄写的人写下了年月。照所记的年代来看,早晚相去约为六百年的长时期。我们可以说石室里面所藏的都是由五世纪初到十一世纪时的宝贝。这里面除了中国文字的经以外,还有一些少数的外国文字的材料。敦煌是在沙漠地带,从前叫沙洲,地方干燥,所以纸写的材料在书库里面经过了一千多年没有损坏。但是怎样能保存这么久没有被人偷去抢去呢?大概到了十一世纪的时候,敦煌有一个变乱,敦煌千佛洞的和尚都逃了。在逃走之前,把石室书库外面的门封起来,并且在上面画了一层壁画,所以不留心的人不知道壁画里面是门,门里面有书库,书库里面有一万多卷的宝贝。变乱经过很长的时期。平静了以后,千佛洞的和尚死的死了,老的老了,把书库这件事也忘了。这样便经过一个从十一世纪到十九世纪末年的长时期。到了清光绪庚子年,那时候中国的佛经已经衰败,敦煌千佛洞里面和尚没有了,住上了一个老道,叫王老道。有一天他要重整庙宇,到处打扫打扫。扫到石室前面,看到壁画后面好像有一个门,他就把门敲开,发现里面是一大堆佛经后,就告诉人说那是可以治病的。头痛的病人向他求医,他就把佛经撕下来一些烧了灰,给病人吞下,说是可以治头痛。王老道因此到发了一笔小财。到了西历1907年,英国探险家史坦因在印度组织了一个中亚细亚探险队,路过甘肃,听到了古经治病的传说,他就跑到千佛洞与王老道嘀咕嘀咕勾搭上了。只花了七十两银子,向王老道装了一大车的宝贝材料回到英国去。这一部分在英国伦敦大英博物馆内存着。史坦因不懂得中国文字,所以他没有挑选,只装了一大车走了。到了第二年——西历1908年,法国汉学家,一个了不得的东方学家——伯希和,他听说这回事,就到了中国,跑到王老道那里,也和王老道嘀咕嘀咕,没有记载说他花了多少钱,不过王老道很佩服他能够看得懂佛经上的中外文字，于是就让他拿。但是伯希和算盘很精，他要挑选；王老道就让他挑。所以他搬去的东西虽然少一点，但是还是最精萃的。伯希和挑了一些有年月材料和一些外文的材料，和许多不认识的梵文的经典，后来就从这些东西里面发现很重要的中文以外的中亚细亚的文字。这一部分东西，现藏在法国国家图书馆。这是第二部分。伯希和很天真，他从甘肃路过北京时，把在敦煌所得的材料，向中国学者请教。中国的学者知道这件事，就报告政府。那时候的学部——教育部的前身，并没有禁止，任伯希和把他所得材料运往法国了，只是打电报给甘肃，叫他们把所有石室里剩余的经卷都运到北京。那些卷子有的长达几丈，有的又很短。到这时候，大家都知道石室的古经是宝贝了。于是在路上，以及起装当中，大家偷的偷，夹带的夹带。有的时候点过了多少件，就有人将长的剪开凑数。于是这些宝贝又短了不少。运到北京后，先藏在京师图书馆，后来改藏在北平图书馆，这是第三部分。第四部分就是散在民间的。有的藏在中国学者手里，有的在中国的各处图书馆中，有的在私人收藏家手中，有的流落到日本人手中。这是第四部分。在一万多卷古经卷里面，只有一本是刻本的书，是一本《金刚经》，是在第一批被史坦因运到英国去了。那上面注有年代，是唐懿宗年间（西历868年）。这是世界上最早的有日子可以确定的刻本书。此外都是卷子，大概在伦敦有五千多卷，在巴黎有三千多卷，在北平的有六千多卷，散在中国与日本民间收藏家手中的不到一百卷。

那时候（民国十五年）我正在研究中国佛教史——中国哲学史中国思想史的一部分。我研究到唐朝禅宗的时候，想写一部禅宗史。动手写不到一些时候，就感觉到这部书写不下去，就是因为材料的问题。那个时候我觉得我在中国所能找到的材料，尤其是在十一世纪以后的，都是经过宋人篡改过的。在十一世纪以前，十世纪末叶的宋高僧传里面，偶然有几句话提到那个时代唐朝禅宗开始的几个大师的历史，与后来的历史有不同的地方。这个材料所记载的禅宗历史传，有一个最重要的和尚叫做神会。据我那时候所找到的材料的记载，这个神会和尚特别重要。

　　禅宗的历史是怎么起来的呢？唐朝初年，在广东的韶州（现在的韶关），有一个不认字的和尚名叫慧能。这个和尚在南方提倡一种新的佛教教义，但是因为这个和尚不大认识字，他也没有到外边去传教，就死在韶州，所以还是一个地方性的新的佛教运动。但是慧能有一个徒弟，就是上面所讲的那个神会和尚。神会在他死后，就从广东出发北伐——新佛教运动的北伐，一直跑到河南的滑台。他在滑台大云寺的大庭广众中，指责当时在长安京城里面受帝王崇拜的几个大师都是假的。他说："他们代表一种假的宗派。只有我那个老师，在广东韶州的不认字的老师慧能，才是真正得到嫡派秘传的。"慧能是一个獠——南方的一个民族。他说："从前印度的达摩到中国来，他开了一个新的宗派，有一件袈裟以为法信。这件袈裟自第一祖达摩传给第二祖，第二祖传给第三祖，第三祖传给第四祖，第四祖传给第五祖，都以袈裟为证。到了第五祖，宗派展开了，徒弟也多了，我的老师，那个不认识字的獠和尚，本是在第五祖的厨房里舂米的。但是第五祖觉得他懂得教义了，所以在半夜把慧能叫去，把法的秘密传给他，同时把传法的袈裟给他作为记号。后来他偷偷出去到南方传布教义。所以我的老师才是真正嫡派的佛教的领袖第六祖。他已经死了，我知道他半夜三更接受袈裟的故事。现在的所谓'两京法祖三帝国师'（两京就是东京洛阳，西京长安；三帝就是武则天和中宗睿宗），在朝廷受崇拜的那些和尚，都是假的。他们没有得到袈裟，没有得到秘密，都是冒牌的宗派。"神会这种讲演，很富有神秘性；听的人很多。起初在滑台；后来有他有势力的朋友把他弄到东京洛阳。他还是指当时皇帝所崇拜的和尚是假的,是冒牌的。因为他说话时,年纪也大了,口才又好,去听的人比今天还多。但是皇帝崇拜的那些和尚生气了,又因为神会说的故事的确动人,也感觉到可怕,于是就说这个和尚妖言惑众,谋为不轨,奏准皇帝,把神会流放充军。从东京洛阳一直流放到湖北。三年当中,换了三处地方,过着被贬放逐的生活。但是在第三年的时候,安禄山造反,把两京都拿下了;唐明皇跑到四川。这时候由皇帝的一个太子在陕西甘肃的边境灵武,组织一个临时政府,指挥军队,准备平定乱事。那时最重要的一件事,就是筹款解决财政问题。有那么多的军队,而两京又都失陷,到哪里去筹款呢?于是那时候的财政部长就想出一个方法,发钞票——这个钞票,不是现在我们用的这种钞票,而是和尚尼姑必须取得的度牒。——《水浒传》中,鲁智深杀了人,逃到赵员外家里;赵员外就为他买了度牒,让他做和尚。也就是这种度牒。——但是这个度牒,一定要有人宣传,才可以倾销。必须举行一个会,由很能感动人的和尚去说法,感动了许多有钱的人,这种新公债才有销路。就在那时候,被放逐三年的神会和尚跑了回来;而那些曾受皇帝崇拜的和尚们都已经跑走,投降了,靠拢了。神会和尚以八十岁的高龄回来,说:"我来为国报效,替政府推销新的度牒"。据我那时候找到的材料的记载,这个神会和尚讲道的时候,有钱的人纷纷出钱,许多女人们甚至把耳环戒指都拿下来丢给他;没有钱的就愿意做和尚、做尼姑。于是这个推销政府新证券的办法大为成功。对于郭子仪、李光弼收复两京的军事,神会和尚筹款的力量是一个大帮助。当初被政府放逐的人,现在变成了拥护政府帮忙立功的大和尚。祸乱平定以后,皇帝把他请到宫里去,叫工部赶快给神会和尚建造禅寺。神会死时,已九十多岁;替政府宣传时,已将近九十岁了。神会和尚不但代表新佛教北伐,做了北伐总司令,而且做了政府里面的公债推销委员会的主席。他成功身死以后，当时的皇帝就承认他为禅宗第七祖。当然他的老师那个南方不识字的獠和尚是第六祖了。那时候我得到的材料是如此。

神会虽然有这一段奋斗的历史，但在过了一二百年以后，他这一派并没有多少人。别的冒牌的人又都起来，个个都说是慧能的嫡派。神会的真真嫡派，在历史上没有材料了。所以当我在民国到欧洲去的时候的副作用，就是要去找没有经过北宋人涂改过的真正的佛教史料。因为我过去搜集这些材料时，就知道有一部分材料在日本，另一部分也许还在敦煌石室里面保存。为什么呢？方才讲过，敦煌的卷子，是从五世纪起到十一世纪的东西。这六百多年恰巧包括我要找的时期，且在北宋人涂改史料以前；而石室里的材料，又差不多百分之九十点九都是佛教材料。所以我要到伦敦、巴黎去，要找新的关于佛教的史料，要找神会和尚有没有留了什么东西在敦煌石室书库里面。这就是我方才说的副作用。到了英国，先看看大英博物院，头一天一进门就看见一个正在展览的长卷子，就是我要找的有关材料。后来又继续找了不少。我到法国的时候，傅斯年先生听说我在巴黎，也从德国柏林赶来。我们两个人同住一个地方，白天在巴黎的国家图书馆看敦煌的卷子，晚上到中国馆子吃饭，夜间每每谈到一两点钟。现在回忆起当时一段生活，实在是很值得纪念的。在巴黎国家图书馆不到三天，就看见了一段没有标题的卷子。我一看，知道我要的材料找到了；那就是神会的语录，他说的话和所做的事。卷子里面常提到"会"；虽然那还是没有人知道过，我一看就知道是神会，我走了一万多里路，从西伯利亚到欧洲，要找禅宗的材料；到巴黎不到三天就找到了。过了几天，又发现较短的卷子，毫无疑义地又是与神会有关的。后来我回到英国，住了较长的时期，又发现一个与神会有关的卷子。此外还有与那时候的禅宗有关系的许多材料。我都照了相带回国来。四年之后,我在上海把它整理出版,题为《神会和尚遗集》。我又为神会和尚写了一万多字的传记。这就是中国禅宗北伐的领袖神会和尚的了不得的材料。我在巴黎发现这些材料的时候,傅先生很高兴。

我所以举上面这个例子,目的是在说明材料的重要。以后我还要讲一点同类的故事——加添新材料的故事。我们用敦煌石室的史料来重新撰写了禅宗的历史,可以说是考据禅宗最重要的一段。这也是世界所公认的。现在有法国的哲学家把我发现后印出来的书全部译成法文,又拿巴黎的原本与我编的校看一次。美国也有人专研究这一题目,并且也预备把这些材料译成英文。因为这些材料至少在中国佛教历史上是新的材料,可以纠正过去的错误,而使研究中国佛教史的人得一个新的认识。

就在那一年冬天,傅孟真先生从德国回到中国;回国不久,就往广东担任中山大学文学院院长,并办了一个小规模的历史语言研究所。后来又应蔡孑民先生之邀,担任中央研究院历史语言研究所所长。不久,在历史语言研究季刊第一本发表了一篇文章,题目叫做《历史语言研究所工作旨趣》。因为我们平常都是找材料的人,所以他那篇文章特别注重材料的重要。这里面有几点是在他死后他的朋友们所常常引用的。他讲到中国三百多年的历史语言学的考据与古韵古音的考据,从顾亭林、阎百诗这两个开山大师起,一直到十九世纪末年二十世纪初年。在这三百多年当中,既然已经有人替我们开了一个新纪元,为什么现在还这样倒霉呢?傅先生对于这个问题,提出了三个最精辟的解答:

(一)凡是能直接研究材料的就进步;凡是不能直接研究材料,只能间接研究材料的,或是研究前人所研究的材料或者研究前人所创造的材料系统的就退步。

(二)凡一种学问能够扩充或扩张他的研究材料的便进步;

凡不能扩张他的材料的便退步。

（三）凡一种学问能够扩充他作研究时所应用的工具便进步；凡不能扩充他研究时应用的工具的便退步。（在这里，工具也视为材料的一种。）

所以傅先生在他这篇文章中的结论，认为中国历史语言学之所以能够在当年有光荣的历史，正是因为当时的顾亭林、阎百诗等大师能够开拓的用材料。后来所以衰竭倒霉，也正是因为题目固定了，材料不大扩充了，工具也不添新的了，所以倒霉下去。傅先生在那篇文章里为中央研究院历史语言研究所提出了三条工作旨趣：

（一）保持顾亭林、阎百诗的遗训。要运用旧的、新的材料，客观地处理实在的问题。因为解决问题而更发生新问题；因为新问题的解决更要求更多的材料。用材料来解决问题，运用旧的、新的材料，客观地处理实在地问题，要保持顾亭林、阎百诗等在三百多年前地开拓精神。

（二）始终就是扩张研究的材料，充分地扩张研究的材料。

（三）扩充研究用的工具。

以上是傅先生在民国十七年——北伐还没有完成，北伐军事还没有结束的时候——就已经提出的意见。他在这篇文章里面还发表了一个很伟大的梦想。他说我们最注意的是求新的材料。所以他计划要大规模地发掘新材料：

第一步，想沿京汉路，从安阳到易州这一带去发掘。

第二步，从洛阳一带去发掘；最后再看情形一步一步往西走，一直到中亚西亚去。在傅先生那一篇并不很长的"工作旨趣"里面，在北伐革命事还没有完成的时候，他已经在那里做这样一个扩大材料的梦想。而在最近这二十年来，中央研究院在全国学术机关内，可以说充分做到了他所提出的三大旨趣。我虽然是中央研究院的一分子，却并不是在这里做广告。我们的确可以说，他那时所提出的工作旨趣，不但是全国，亦是全世界的学术界所应当惊异的。

我在民国十七年发表的一篇文章，题目是《方法与材料》，已收在文存第三集内，后来又收在胡适文选里面。我不必详细地讲它了。大意是说：材料可以帮助方法；材料不够，可以限制做学问的方法；而且材料的不同，又可以使做学问的结果与成绩不同。在那篇文章里面，有一个比较表，拿西历 1600 年到 1675 年，七十五年间的这一段历史，与东方的那段七十多年间的历史相比较，指出中国和西方学者做学问的工作，因为所用材料的不同，成绩也有绝大的不同。那时正是傅先生所谓顾亭林、阎百诗时代；在中国那时候做学问也走上了一条新的路，走上了科学方法的路。方法也严密了；站在证据上求证明。像昨天所说的顾亭林要证明衣服的"服"字古音读作"逼"，找了一百六十个证据。阎百诗为《书经》这部中国重要的经典，花了三十年的工夫，证明《书经》中所谓古文的那些篇都是假的，差不多伪古文里面的每一句，他都找出它的来历。这种科学的求证据的方法，就是"大胆地假设，小心地求证"的方法。这种方法与西洋的科学方法，是同样的了不得的。

但是在同一时期，——在 1600 年至 1675 年这一段时期，——西洋做学问的人是怎么样呢？在十七世纪初年，荷兰有三个磨玻璃的工匠，他们玩弄磨好的镜子，把两片镜片叠起来，无意中发明了望远镜。这个消息传出去以后，意大利的一位了不得的科学家伽利略（Galileo），便利用这一原理，自出心裁地制造成一个当时欧洲最完美的最好的望远镜。从这个望远镜中发现了天空中许多新的东西。同时在北方的天文学家，刻伯勒（Kepler）正在研究五大行星的运行轨道。他对于五大行星当中火星的轨道，老是计算不出来，但是搜集了很大材料。后来刻伯勒就假设说，火星轨道不是平常的圆形的而是椭圆形的；不但有一个中心而且有两个中心。这真是大胆的假设；后来证实这个假设是对的，成为著名的火星定律。当时刻伯勒在北方，伽利略在南方，开了一个新的天文学的纪元。伽利略死了二三十年后，荷兰有一位磨镜工匠叫做李文厚（Leeuwenhoek）。他用简单的显微镜来看毛细管中血液的运行和筋腱的纤维。他看见了血球、精虫，以及细菌（1675年），并且绘了下来。我们可以说，微菌学是萌芽于西历1675年的。伽利略并且在物理学上开了新的纪元，规定了力学的几个基本原理。

就在伽利略去世的那一年（西历1642年），一位绝大的天才科学家——牛顿（Newton）——在英国出世。他把刻伯勒与伽利略等人的发现，总结起来，做一个更大胆的假设，可以说是世界有史以来最大胆的二三个假设中的一个，就是所谓万有引力的定律。整个宇宙所有这些大的星，小的星，以及围绕着太阳的各行星（包括地球），所以能够在空中，各循着一定的轨道运行，是什么原因呢？就是因为万有引力的缘故。在这七十五年中，英国还有两位科学家我们必须提到的。一位是发明血液循环的哈维（Harvey），他的划时代的小书是1628年出版的。一位是了不起的化学家波耳（Boyle），他的在思想史上有名的著作《怀疑的化学家》是1661年出版的。

西方学者的工作，由望远镜、显微镜的发明，产生了力学定律、化学定律，出了许多新的天文学家、物理学家、化学家、生理学家。新的宇宙出现了。但是我们中国在这个时代，在学者顾亭林、阎百诗的领导下做了些什么呢？我们的材料是书本。顾亭林研究古韵，他的确是用新的方法，不过他所用的材料也还是书本。阎百诗研究古文尚书，也讲一点道理，有时候也出去看看，但是大部分的材料都是书本。这三百多年来研究语言学、文字学所用的材料都是书本。可是西方同他们同时代的人，像刻伯勒、伽利略、牛顿、哈维、波耳，他们研究学问所用的材料就不仅是书本，他们用作研究材料的是自然界的东西。从前人所看不清楚的天河，他们能够看清楚了；所看不见的卫星，他们能看见了；所看不出来的纤维组织，他们能看出来了。结果，他们奠定了三百年来新的科学的基础，给人类开辟了一个新的科学的世界。而我们这三百年来在学问上，虽然有了了不起的学者顾亭林、阎百诗做引导，虽然可以说也有"大胆地假设，小心地求证"的方法，但是因为材料的不同，弄来弄去离不开书本，结果，只有两部"皇清经解"做我们三百年来治学的成绩。这个成绩跟三百年来西方科学的成绩比起来，相差真不可以道理计。而这相差的原因，正可以说明傅先生的话：凡是能够扩充材料，用新材料的就进步；凡是不能扩充新的材料，只能研究旧的、间接的材料的就退步。我在那一篇文章里面有一张表，可以使我们从这七十五年很短的时间中，看出材料不但是可以限制了方法的使用，而且可以规定了研究的成绩如何。所以我那篇文章后面也有一个和傅先生类似的意见，就是说：做纸上的考证学，也得要跳过纸上的材料——老的材料，去找新的材料，才可以创造出有价值的成绩。我那篇文章虽然没有他那一种远大的大规模的计划，但是也可以作为他那篇历史上很重要的宣言的小小注脚。我们的结论都是一样的；所不同的地方是我始终没有他那样大规模的梦想：做学问的团体研究、集团研究（Corporate Research）。培根在三百多年前曾有过这种梦想——找许多人来分工合作，大规模地发现新的真理、新的意思、新的原则、新的原理；在西洋各国已经逐渐实现了。中国方面，丁文江先生在北平创立了中国地质调查所，可以说是在北方的一个最重要的学术研究团体，为团体研究、以搜集新材料开辟了一个新的领土。在民国十七年，中央研究院成立，尤其是历史语言研究所的成立，在中国的语言学、历史学、考古学、人类学各方面，充分地使用了傅先生的远大的见识，搜罗了全国第一流的研究人才、专家学者，实地去调查、去发掘。例如，安阳的十五次发掘，以及其他八省五十五处的发掘，和全国各地语言语音的调查：这些工作，都是为扩充新的材料。除了地质调查所以外，历史语言研究所可以说是我们规模最大、成绩最好的学术研究团体。我们也可以说，中国文史的学问，到了历史语言研究所成立以后才走上了完全现代化完全科学化的大路，这是培根在三百年前所梦想的团体研究的一个大成绩。

不论团体研究也好，个人研究也好，做研究要得到好的成绩，不外上面所说的三个条件：（一）直接的研究材料；（二）能够随时随地地扩张材料；（三）能够扩充研究时所用的工具。这是从事研究学问而具有成绩的人所通用的经验。

我开始讲"治学方法"第一讲的时候，因为在一广场中，到的人数很多，没有黑板，没有粉笔，所以只能讲一些浅显的小说考证材料。有些人认为我举的例太不重要了。不过我今天还要和诸位说一说，我用来考证小说的方法，我觉得还算是经过改善的，是一种"大胆地假设，小心地求证"的方法。我可以引为自慰的，就是我做二十多年的小说考证，也替中国文学史家与研究中国文学史的人扩充了无数的新材料。只拿找材料做标准来批评，我二十几年来以科学的方法考证旧小说，也替中国文学史上扩充了无数的新证据。

我的第一个考证是《水浒传》。大家都知道《水浒传》是七十一回，从张天师开始到卢俊义做梦为止。但是我研究中国小说，觉得可以分为两大类。像《红楼梦》与《儒林外史》是第一类，是创造的小说，另一类是演变的小说。从小的故事慢慢经过很长时期演变扩大为整部小说:像《水浒传》、《西游记》、《隋唐演义》、《封神榜》等这一类故事都是。我研究《水浒传》,发现是从《宣和遗事》这一本很小的小说经过很长的时期演变而来的。在演变当中,《水浒传》不但有七十一回的,还有一百回的、一百二十回的。我的推想是:到了金圣叹的时候,他以文学的眼光,认为这是太长了;他是一个刽子手,又有文学的天才,就拿起刀来把后面的割掉了,还造出了一个说法,说他得到了一个古本,是七十一回的。他并且说《水浒传》是一部了不得的书,天下的文章没有比《水浒》更好的。这是文学的革命,思想的革命;是文学史上大革命的宣言。他把《水浒》批得很好,又作了一篇很好的序,因此,金圣叹的《水浒》,打倒一切的《水浒》。我这个说法,那时候大家都不肯相信。后来我将我的见解,写成文章发表。发表以后,有日本方面做学问的朋友告诉我说:日本有一百回、一百二十回本的《水浒传》。后来我在无意间又找到了一百十五回、一百二十四回本和一百十九回本。台大的李玄伯先生也找到一百回本。因为我的研究《水浒传》,总想得到新的材料,所以社会上注意到了,于是材料都出来了。这就是一种新材料的发现,也是二十多年来因我的提倡考证而发现新的材料。

关于《红楼梦》,也有同样的情形。因为我提倡用新的观点考证《红楼梦》,结果我发现了两种活字版本,是乾隆五十六年和五十七年的一百二十回本。有人以为这个一百二十回本是最古的版本,但也有人说《红楼梦》最初只有八十回,后面四十回是一个叫做高鹗的人加上去的。他也编造了一个故事说:是从卖糖的担子中发现了古本。我因为对于这个解释不能满意,总想找新的材料证明是非,结果我发现了两部没有排印以前的抄本,就是现在印行出来的八十回本。

因为考证《红楼梦》的关系,许多大家所不知道的抄本出现了。

此外，还有许多关于曹雪芹一家的传记材料。最后又发现脂砚斋的详本《红楼梦》；虽然不完全，但的确是最早的本子——就是现在我自己研究中的一本。后来故宫博物院开放了，在康熙皇帝的一张抽屉里发现曹雪芹的祖父曹寅的一张秘密奏折。这个奏折说明当时曹家地位的重要。曹雪芹的曾祖、祖父、父亲、叔父三代四个人继续不断在南京做江宁织造五十年，并且兼两淮盐运使。这是当时最肥的缺。为什么皇帝把这个全国最肥的缺给他呢？因为他是皇帝的间谍，是政治特务；他替皇帝侦查江南地方的大臣，监视他们回家以后做些什么事，并且把告老回家的宰相的生活情形，随时报告皇帝。一个两江总督或江苏巡抚晋京朝圣，起程的头一天，江苏下雪或下雨：他把这个天气的情形用最快的方法传达给皇帝。等到那个总督或者巡抚到京朝见时，皇帝就问他"你起程的头一天江苏是下雪吗？"这个总督或者巡抚听到皇帝这个问话，当然知道皇帝对于各地方的情形是很清楚的，因此就愈加谨慎做事了。

我所以举《红楼梦》的研究为例，是说明如果没有这些新的材料，我们的考证就没有成绩。我研究这部书，因为所用的方法比较谨严，比较肯去上天下地动手动脚找材料，所以找到一个最早的脂砚斋抄本——曹雪芹自己批的本子，和一个完全的八十回的抄本，以及无疑的最早的印本——活字本，再加上曹家几代的传记材料。因为有这些新材料，所以我们的研究才能有点成绩。但是亦因为研究，我们得以扩张材料：这一点是我们可以安慰自己的。

此外如《儒林外史》，是中国的第一部小说。这本书是一个很有思想的吴敬梓做的。当我在研究时，还不知道吴敬梓是安徽全椒人。我为了考证他的人，要搜求关于他的材料。不到几个月的工夫，就找到了吴敬梓诗文集全集，后面还附有他儿子的诗。

这厚厚的一本书,在书店中别人都不要的,我花一块半钱就买到了。这当时是一个海内孤本(我恐怕它失传,所以重印了几千册)。就拿这种考证来讲,方法与材料的关系是很重要的。如果没有材料,就没有法子研究;而因为考证时能够搜求材料,又可以增加了许多新材料。

我再用佛教史的研究说明扩张材料。我那年在英国大英博物院看敦煌卷子的时候,该院一位管理人员告诉我说:有一位日本学者矢吹庆辉刚刚照了许多卷子的影片带回去。后来矢吹庆辉做了一本书叫"三阶教"。这是隋唐之间佛教的一个新的研究。用的材料,一部分是敦煌的卷子,一部分是日本从唐朝得来的材料。

我搜求神会和尚的材料,在巴黎发现敦煌所藏的两个卷子。我把它印出来以后,不到三年,日本有位石井实先生,买到了一个不很长的敦煌的卷子,也是与神会和尚有关的材料。这个卷子和我所发现的材料比较起来,他的前面一段比我发现的少,后面一段比我发现的多。这个卷子,他也印出来了。另外一位日本学者铃木,也有一卷关于神会的卷子,这和我所发现的是一个东西,但是抄写的不同,有多有少,可以互相补充。因为考证佛教史中禅宗这个小小的问题,增添了上面所说的许多材料。

日本的矢吹先生在伦敦博物院把敦煌所藏的卷子照了许多影片带回日本以后,日本学者在这些照片里面发现的一件宝贝,就是上面讲到的,南方韶州地方不认识字的和尚,禅宗第六祖慧能的语录——《坛经》。这是从来没有的孤本,世界上最宝贵的本子。这本《坛经》只有一万一千言;在现在世界上流行的本子有两万两千言。这本《坛经》的出现,证明现在流行的《坛经》有百分之五十是后来的一千多年中和尚们你增一条,我添一章地加进去的,是假的。这也是佛教史上一个重要的发现。总之,因为我考证中国佛教新的宗派在八世纪时变成中国正统的禅宗的历史,我就发现了许多新的材料。

最后我感谢台湾大学给我这个机会讲学。我很惭愧，因为没有充分准备。我最后一句话，还是我开头所说的"大胆地假设，小心地求证"。在求证当中，自己应当自觉地批评自己的材料。材料不满意，再找新证据。这样，才能有新的材料发现；有新材料才可以使你研究有成绩、有结果、有进步。所以我还是要提一提台大前任校长傅先生的口号："上穷碧落下黄泉，动手动脚找东西。"

# 知识的准备

## 一

在这个值得纪念的仪式完毕之后,你们就被列入少数特权分子之列——大学毕业生。今天并不是标示着人生一段时期的结束或完毕,而是一个新生活的开始,一个真正生活和真正充满责任的开端。

大家对你们作为大学毕业生的,总期望会与平常人有所不同,和大多数没有念过大学的人有所不同。他们预料你们言行会有怪异之处。

你们有些人或许不喜欢人家把你们视为与众不同、言行怪异的人。你们或许想要和群众混在一起,不分彼此。

让我们向你们保证,要回到群众中间,使人不分彼此,是一件容易做到的事。假如你们有这个愿望,你们随时都可以做到,你们随时都可以成为一个"好伙伴",一个"易于相处的人",——而人们,包括你们自己,马上就会忘记你们曾经念过大学这回事。

虽然大学教育当然不该把我们造成为"势力之徒"和"古怪的人",可是我们大学毕业生一直保留一点儿与从不同的标志,却也不是一件坏事。这一点儿与从不同的标志,我相信,是任何学术机构的教育家所最希望造成的。

大学男女学生与众不同的这个标志是什么呢？多数教育家都很可能会同意地说，那是一个多少受过训练的脑筋，——一个多少有规律的思想方式——这会使得，也应当使得，受大学教育的人显出有些与众不同的地方。

一个头脑受过训练的人在看一件事是用批判和客观的态度，而且也用适当的知识学问为凭依。他不容许偏见和个人的利益来影响他的判断，和左右他的观点。他一直都是好奇的，但是他绝对不会轻易相信人。他并不仓卒地下结论，也不轻易地附合他人的意见，他宁愿耽搁一段时间，一直等到他有充分的时间来查事实和证据后，才下结论。

总而言之，一个受过训练的头脑，就是对于易陷入偏见、武断和盲目接受传统与权威的陷阱，存有戒心和疑惧。同时，一个受过训练的脑筋决不是消极或是毁灭性的。他怀疑人并不是喜欢怀疑的缘故；也并不是认为"所有的话都有可疑之处，所有的判断都有虚假之处"。他之所以怀疑是为了确切相信一件事。为了要根据更坚固的证据和更健全的推理为基础，来建立或重新建立信仰。

你们四年的研究和实验工作一定教过你们独立思考、客观判断、有系统的推理，和根据证据来相信某一件事的习惯。这些就是，也应当是，标示一个人是大学生的标志。就是这些特征才使你们显得"与众不同"和"怪异"，而这些特征可能会使你们不负众望或不受欢迎，甚至为你们社会里大多数人所畏避和摒弃。

可是，这些有点令人烦恼的特点却是你们母校于你们居留在此时间中，所教导你们而为此最感觉自豪的事。这些求知习惯的训练，如果我没有判断错误的话，也就是你们在大学里有责任予以培养起来的，回家时从这个校园里所带走的，并且在你们整个一生和在你们一切各种活动中，所继续不断地实行和发展的。

伟大的英国科学家，同时也是哲学家的赫胥黎（Thomas H. Huxley）曾说过："一个人一生中最神圣的行为就是口里讲，内心深感觉到这句话：'我相信某件事是实在的。'紧附在那个行为上的是人生存在世上一切最大的报酬和一切最严重的责罚。"要成功地完成这一个"最神圣的行为"，那应用在判断、思考，和信仰上的思想训练和规律是必要的。

所以在这一个值得纪念的日子，你们必须问自己的第一个问题就是：我是否获得所期望于为一个受大学教育的我所该有的充分知识训练吗？我的头脑是否有充分的装备和准备来做赫胥黎所说的"一个人一生中最神圣的行为"？

## 二

我们必须要体会到"一个人一生中最神圣的行为"也同时是我们日常所需做的行为。另一个英国哲学家弥尔（John Stuart Mill）曾说过："各个人每天每时每刻都需要确切证实他所没有直接观察过的事情……法官、军事指挥官、航海人员、医师、农场经营者（我们还可以加上一般的公民和选民）的事，也不过是将证据加以判断，并按照判断采取行动……就根据他们做法（思考和推论）的优劣，就可以决定他们是否尽其分内的职责。这是头脑所不停从事的职责。"

由于人人每日每时都需要思考，所以人在思考时，极容易流于疏忽、漠不关心，和习惯性的态度。大学教育毕竟难以教给我们一整套精通与永久适用的求知习惯，原因是其所需的时间远超过大学的四年。大学毕业生离开了他的实验室和图书馆，往往感觉到他已经工作得太劳累，思考得太辛苦，毕业后应当享受到一种可以不必求知识的假期。他可能太忙或者太懒，而无法把他在大学里刚学到而还没有精通的知识训练继续下去。他可能不喜欢标榜自己为受过大学教育"好炫耀博学的人"。他可能发现讲幼稚的话与随和大众的反应是一种调剂，甚至是一种愉快的事。无论如何，大学毕业生离开大学之后，最普遍的危险就是溜回到怠惰和懒散方式的思考和信仰。

所以大学生离开学校后，最困难的问题就是如何继续培养精稳实验室研究的思考态度和技术，以便将这种思考的态度和技术扩展到他日常思想、生活和各种活动上去。

天下没有一个普遍适用以提防这种懒病复发的公式。但是我们仍然想献给列位一个简单的妙计，这个妙计对我自己和对我的学生和朋友都很实用。

我所想要建议的是各个大学毕业生都应当有一个或两个或更多足以引起兴趣和好奇心的疑难问题，借以激起他的注意、研究、探讨，或实验的心思。你们大家都知道的，一切科学的成就都是由于一个疑难的问题碰巧激起某一个观察者的好奇心和想象力所促成的。有人说没有装备良好的图书馆和实验室是无法延续求知的兴趣。这句话是不确实的。请问阿基米德、伽利略、牛顿、法拉第，或者甚至达尔文或巴斯德究竟有什么实验室或图书馆的装备呢？一个大学毕业生所需要的仅是一些会激起他的好奇心，引起他的求知欲和挑激他的想法求解决的有趣的难题。那种挑激引发的性质就足够引致他搜集资料、触类旁通、设计工具，和建立简单而适用的试验和实验室。一个人对于一些引人好奇的难题不发生兴趣的话，就是处在设备良好的实验室和博物馆中，知识上也不会有任何发展。

四年的大学教育所给予我们的，毕业只不过是已经研究出来和尚未研究出来的学问浩瀚范围的一瞥而已。不管我们主修的是哪一个科目，我们都不应当有自满的感觉，以为在我们专门科目范围内，已经没有不解决的问题存在。凡是离开母校大门而没有带一两个知识上的难题回家去，和一两个在他清醒时一直缠绕着他的问题，这个人的知识生活可以说是已经寿终正寝了。

　　这是我给你们的劝告：在这一个值得纪念的日子里，你们该花费几分钟，为你们自己列一个知识的清单，假如没有一两个值得你们下决心解决的知识难题，就不轻易步入这个大世界。你们不能带走你们的教授，也不能带走学校的图书馆和实验室，可是你们带走几个难题。这些难题时刻都会使你们知识上的自满和怠惰下来的心受到困扰。除非你们向这些难题进攻，并加以解决，否则你们就一直不得安宁。那时候，你们看吧，在处理和解决这些小难题的时候，你们不但使你们思考和研究的技术逐渐纯熟和精稔，而且同时开拓出知识的新地平线并达到科学的新高峰。

## 三

　　这种一直有一些激起好奇心和兴趣疑难问题来刺激你们的小妙计有许多功用。这个妙计可使你们一生中对研究学问的兴趣永存不灭，可开展你们新嗜好的兴趣，把你们日常生活提高到超过惯性和苦闷的水准之上。常常在沉静的夜里，你们突然成功地解决了一个讨厌的难题而很希望叫醒你们的家人，对他们叫喊着说："我找到了，我找到了！"那时候给你们的是知识上的狂喜和很大的乐趣。

　　但是这种自找问题和解决问题方式最重要的用处，是在于用来训练我们的能力，磨炼我们的智慧，而因此使我们能精稔实验与研究的方法和技术。对思考技术的精稔可能引使你们达到创造性的知识高峰；但是也同时会渐渐地普遍应用在你们整个生活上，并且使你们在处理日常活动时，成为比较懂得判断的人，会使你们成为更好的公民、更聪明的选民、更有知识的报纸读者，成为对于目前国家大事或国际大事一个更为胜任的评论者。

这个训练对于为一个民主国家里公民和选民的你们是特别重要的。你们所生活的时代是一片充满了惊心动魄事件的时代，一个势要毁灭你们政府和文化根基的战争时代。而从各方面拥集到你身上的是强有力不让人批驳的思想形态、巧妙的宣传，以及随意歪曲的历史。希望你们在这个要把人弄得团团转的旋风世界中，要建立起你们的判断力，要下自己的决心、投你们的票，和尽你们的本分。

有人会警告你们要特别提高警惕，以提防邪恶宣传的侵袭。可是你们要怎样做才能防御宣传的侵入呢？因为那些警告你们的人本身往往就是职业的宣传员，只不过他们罐头上所用的是不同的商标；但这些罐头里照样是陈旧的和不准批驳的东西。

例如，有人告诉你们，上次世界大战所有一切唯心论的标语，像"为世界民主政治的安全而战"和"以战争来消弭战争"，这些话，都是想讨人欢喜的空谈和烟幕而已。但是揭露这件事的人也就是宣传者，他要我们全体都相信美国之参加上次世界大战是那些"担心美元英镑贬值"放高利贷者和发战争财者所促成的。

再看另一个例子。你们是在一个信仰所培养之下长大起来的。这些信仰就是相信你们的政府形式，属于人民的政府，尊敬个人的自由特别是相信那保护思想、信仰、表达和出版等自由的政府形式是人类最伟大的成就之一；但是我们这一代的新先知们却告诉你们说，民主的代议政府仅是资本主义制度下的一个必然的副产品，这个制度并没有实质的优点，也没有永恒的价值。他们又说个人的自由并不一定是人们所希求的；为了集体的福利和权力的利益起见，个人的自由应当视为次要的，甚至应当加以抑压下去的。

这些和许多其他相反的论调到处都可以看到、听到，都想要迷惑你们的思想，麻木你们的行动。你们需要怎么样准备自己来对付一切所有这些相反的论调呢？当然不会是紧闭着眼睛不看，掩盖着耳朵不听吧？当然也不会躲在良好的古老传统信仰的后面求庇护吧？因为受攻击和挑衅的就是古老的传统本身。当然也不会是诚心诚意地接受这种陈腔烂调和不准批驳的思想和信仰的体系，因为这样一个教条式的思想体系可能使你们丢失了很多的独立思想，会束缚和奴役你们的思想，以致从此之后，你们在知识上说，仅是机械一个而已。

你们可能希望能保持精神上的平衡和宁静，能够运用你们自己的判断，唯一的方法就是训练你们的思想，精稔自由沉静思考的技术。使我们更充分了解知识训练的价值和功效的就是在这知识困惑和混乱的时代。这个训练会使我们能够找到真理——使我们获得自由的真理。

关于这种训练与技术，并没有什么神秘的地方。那就是你们在实验室所学到的，也就是你们最优秀的教师终生所从事的，而在你们研究论文上所教你们的方法，那就是研究和实验的科学方法，也就是你们要学习应用于解决我所劝你们时刻要找一两个疑难问题所用的同样方法。这个方法，如果训练得纯熟精通，会使我们能在思考我们每天必须面对有关社会、经济和政治各项问题时，会更清楚，会更胜任的。

以其要素言，这个科学技术包括非常专心注意于各种建议、思想和理论，以及后果的控制和试验。一切思考是以考虑一个困惑的问题或情况开始的。所有一切能够解决这个困惑问题的假设都是受欢迎的。但是各个假设的论点却必须以在采用后可能产生的后果来作为适用与否的试验，凡是其后果最能满意克服原先困惑所在的假设，就可接受为最好和最真实的解决方法。这是一切自然、历史和社会科学的思考要素。

人类最大的谬误，就是以为社会和政治问题简单得很，所以根本不需要科学方法的严格训练，而只要根据实际经验就可以判断，就可以解决。

但是事实却是刚刚相反的。社会与政治问题是关联着千千万万人命和福利的问题。就是由于这些极具复杂性和重要性的问题是十分困难的，所以使得这些问题到今日还没有办法以准确的定量衡量方法和试验与实验的精确方法来计量，甚至以最审慎的态度和用严格的方法无法保证绝无错误。但是这些困难却省免不了我们用尽一切审慎和批判的洞察力来处理这些庞大的社会和政治问题和必要。

两千五百年前某诸侯问孔子说："一言而可以兴邦，……一言而丧邦有诸？"

想到社会与政治的问题，总会提醒我们关于向孔子请教的这两个问题，因为对社会与政治的思考必然会连带想起和计划整个国家，整个社会，或者整个世界的事。所以一切社会与政治理论在用以处理一个情况时，如果精心大意或固守教条，严重地说来，可能有时候会促成预料不到的混乱、退步、战争和毁灭，有时就真的是一言兴邦，一言丧邦。

刚就在前天，希特勒对他的军队发出一个命令，其中说到一句话：他要决定他的国家和人民未来一千年的命运！

但希特勒先生一个人是无法以个人的思想来决定千千万万人的生死问题。你们在这里所有的人需要考虑你们即将来临的本地与全国选举中有所选择，所有的人需要对和战问题表达意见，并不决定。是的，你们也会考虑到一个情况，你们在这个情况中的思考是正确，是错误，就会影响千千万万人的福利，也可能直接或间接地决定未来一千年世界与其文化的命运！

所以为少数特权阶级的我们大学男女，严肃地和胜任地把自己准备好，以便像在今日的这个时代，这个世界，每日从事思考和判断，把我们自己训练好，以便作有责任心地思考，乃是我们神圣的任务。

有责任心的思考至少含着三个主要的要求：第一，把我们的事实加以证明，把证据加以考查；第二，如有差错，谦虚地承认错误，慎防偏见和武断；第三，愿意尽量彻底获致一切会随着我们观点和理论而来的可能后果，并且道德上对这些后果负责任。

怠惰的思考，容许个人和党团的因素不知不觉地影响我们的思考，接受陈腐和不加分析的思想为思考之前提，或者未能努力以获致可能后果，来试验一个人的思想是否正确等等就是知识上不负责任的表现。

你们是否充分准备来做这件在你们一生中最神圣的行动——有责任心的思考？

# 找书的快乐

主席、诸位先生：

我不是藏书家，只不过是一个爱读书、能够用书的书生，自己买书的时候，总是先买工具书，然后才买本行书，换一行时，就得另外买一种书。今年我六十九岁了，还不知道自己的本行到底是哪一门？是中国哲学呢？还是中国思想史？抑或是中国文学史？或者是中国小说史？《水经注》？中国佛教思想史？中国禅宗史？我所说的"本行"，其实就是我的兴趣，兴趣愈多就愈不能不收书了。十一年前我离开北平时，已经有一百箱的书，大约有一二万册。离开北平以前的几小时，我曾经暗想着：我不是藏书家，但却是用书家。收集了这么多的书，舍弃了，太可惜，带吧，因为坐飞机又带不了。结果只带了一些笔记，并且在那一二万册书中，挑选了一部书，作为对一二万册书的纪念，这一部书就是残本的《红楼梦》。四本只有十六回，这四本《红楼梦》可以说是世界上最老的抄本。收集了几十年的书，到末了只带了四本，等于当兵缴了械。我也变成一个没有棍子、没有猴子的变把戏的叫花子。

这十一年来，又蒙朋友送了我很多书，加上历年来自己新买的书，又把我现在住的地方堆满了，但是这都是些不相干的书，自己本行的书一本也没有。找资料还需要依靠中研院史语所的图书馆和别的图书馆，如台湾大学图书馆、"中央"图书馆等救急。

**找书有甘苦，真伪费推敲**

我这个用书的旧书生，一生找书的快乐固然有，但是找不到书的苦处也尝到过。民国九年（1920年）七月，我开始写《水浒传考证》的时候，参考的材料只有金圣叹的七十一回本《水浒传》、《征四寇》及《水浒后传》等，至于《水浒传》的一百回本、一百一十回本、一百一十五回本、一百廿回本、一百廿四回本，还都没有看到。等我的《水浒传考证》问世的时候，日本才发现《水浒》的一百一十五回本及一百回本、一百一十回本及一百廿回本。同时我自己也找到了一百一十五回本及一百廿四回本。做考据工作，没有书是很可怜的。考证《红楼梦》的时候，大家知道的材料很多，普通所看到的《红楼梦》都是一百廿回本。这种一百廿回本并非真的《红楼梦》。曹雪芹四十多岁死去时，只写到八十回，后来由程伟元、高鹗合作，一个出钱，一个出力，完成了后四十回。乾隆五十六年的活字版排出了一百廿回的初版本，书前有程、高二人的《序文》，说：

世人都想看到《红楼梦》的全本，前八十回中黛玉未死，宝玉未娶，大家极想知道这本书的结局如何？但却无人找到全的《红楼梦》。近因程、高二人在一卖糖摊子上发现有一大卷旧书，细看之下，竟是世人遍寻无着的《红楼梦》后四十回，因此特加校订，与前八十回一并刊出。

可是天下这样巧的事很少，所以我猜想《序文》中的说法不可靠。

## 考证《红楼梦》，清查曹雪芹

　　三十年前我考证《红楼梦》时，曾经提出两个问题，这是研究红学的人值得研究的：（一）《红楼梦》的作者是谁？作者是怎样一个人？他的家世如何？家世传记有没有可考的资料？曹雪芹所写的哪些繁华世界是有根据的吗？还是关着门自己胡诌乱说？（二）《红楼梦》的版本问题，是八十回？还是一百廿回？后四十回是哪里来的？那时候有七八种《红楼梦》的考证，俞平伯、顾颉刚都帮我找过材料。最初发现乾隆五十七年（1792年）有程伟元《序》的乙本，其中并有高鹗的《序文》及引言七条，以后发现早一年出版的甲本，证明后四十回是高鹗所续，而由程伟元出钱活字刊印。又从其他许多材料里知道曹雪芹家为江南的织造世职，专为皇室纺织绸缎，供给宫内帝后、妃嫔及太子、王孙等穿戴，或者供皇帝赏赐臣下。后来在清理故宫时，从康熙皇帝一秘密抽屉内发现若干文件，知道曹雪芹的祖父曹寅，等于皇帝派出的特务，负责察看民心年成，或是退休丞相的动态，由此可知曹家为阔绰大户。《红楼梦》中有一段说到王熙凤和李嬷嬷谈皇帝南巡，下榻贾家，可知是真的事实。以后我又经河南的一位张先生指点，找到杨钟羲的《雪桥诗话》及《八旗经文》，以及有关爱新觉罗宗室敦诚、敦敏的记载，知道曹雪芹名霑、号雪芹，是曹寅的孙子，接着又找到了《八旗人诗抄》、《熙朝雅颂集》，找到敦诚、敦敏兄弟赐送曹雪芹的诗，又找到敦诚的《四松堂集》，是一本清抄未删底本，其中有挽曹雪芹的诗，内有"四十年华付杳冥"句，下款年月日为甲申（即乾隆甲申廿九年，西历1764年）。从这里可以知道曹雪芹去世的年代，他的年龄为四十岁左右。

### 险失好材料，再评《石头记》

民国十六年我从欧美返国，住在上海，有人写信告诉我，要卖一本《脂砚斋评石头记》给我，那时我以为自己的资料已经很多，未加理会。不久以后和徐志摩在上海办新月书店，那人又将书送来给我看，原来是甲戌年手抄再评本，虽然只有十六回，但却包括了很多重要史料。里面有："壬午除夕，书未成，芹为泪尽而逝。甲午八月泪笔"的句子，指出曹雪芹逝于乾隆廿七年冬，即西历一七六三年二月十二日。"字字看来皆是血，十年辛苦不寻常"诗句，充分描绘出曹雪芹写《红楼梦》时的情态。脂砚斋则可能是曹雪芹的太太或朋友。自从民国十七年二月我发表了《考证红楼梦的新材料》之后，大家才注意到《脂砚斋评本石头记》。不过，我后来又在民国廿二年从徐星署先生处借来一部庚辰秋定本脂砚斋四阅评过的《石头记》，是乾隆廿五年本，八十回，其中缺六十四、六十七两回。

### 谈《儒林外史》，推赞吴敬梓

现在再谈谈我对《儒林外史》的考证。《儒林外史》是部骂当时教育制度的书，批评政治制度中的科举制度。我起初发现的只有吴敬梓的《文木山房集》中的赋一卷（四篇），诗二卷（一百三十一首），词一卷（四十七首），拿这当做材料。但是在一百年前，我国的大诗人金和，他在跋《儒林外史》时，说他收有《文木山房集》，有文五卷。可是一般人都说《文木山房集》没有刻本，我不相信，便托人在北京的书店找，找了几年都没有结果，到了民国七年才在带经堂书店找到。我用这本集子参考安徽《全椒县志》，写成一本一万八千字的《吴敬梓年谱》，中国小说传记资料,没有一个能比这更多的,民国十四年我把这本书排印问世。

如果拿曹雪芹和吴敬梓二人做一个比较,我觉得曹雪芹的思想很平凡,而吴敬梓的思想则是超过当时的时代,有着强烈的反抗意识。吴敬梓在《儒林外史》里,严刻地批评教育制度,而且有他的较科学化的观念。

## 有计划找书,考证神会僧

前面谈到的都是没有计划的找书,有计划的找书更是其乐无穷。所谓有计划的找书,便是用"大胆地假设,小心地求证"方法去找书。现在再拿我找神会和尚的事作例子,这是我有计划的找书。神会和尚是唐代禅宗七祖大师,我从《宋高僧传》的慧能和神会传里发现神会和尚的重要,当时便作了个大胆的假设,猜想有关神会和尚的资料只有日本和敦煌两地可以发现。因为唐朝时,日本派人来中国留学的很多,一定带回去不少史料。经过"小心的求证",后来果然在日本找到宗密的《圆觉大疏抄》和《禅源诸诠集》,另外又在巴黎的国家图书馆及伦敦的大英博物馆发现数卷神会和尚的资料。知道神会和尚是湖北襄阳人,到洛阳、长安传播大乘佛法,并指陈当时的两京法祖三帝国师非弹宗嫡传,远在广东的六祖慧能才是真正禅宗一脉相传下来的。但是神会的这些指陈不为当时政府所取信,反而贬走神会。刚好那时发生安史之乱,唐玄宗远避四川,肃宗召郭子仪平乱,这时国家财政贫乏,军队饷银只好用度牒代替,如此必须要有一位高僧宣扬佛法令人乐于接受度牒。神会和尚就担任了这项推行度牒的任务。郭子仪收复两京(洛阳、长安),军饷的来源,不得不归功神会。安史之乱平了后,肃宗迎请神会入宫奉养,并且尊神会为禅宗七祖,所以神会是南宗的急先锋,北宗的毁灭者,新禅学的建立者,《坛经》的创作者,在中国佛教史上没有第二个人有这样伟大的功勋。我所研究(整理)的《神会和尚遗集》可望在明年由中央研究院历史语言研究所出版。

最后,根据我个人几十年来找书的经验,发现我们过去的藏书的范围是偏狭的。过去收书的目标集中于收藏古董,小说之类决不在藏书之列。但我们必须了解了解,真正收书的态度,是要无所不收的。

# 一个最低限度的国学书目

## 序 言

这个书目是我答应清华学校胡君敦元等四个人拟的。他们都是将要往外国留学的少年，很想在短时期中得着国故学的常识。所以我拟这个书目的时候，并不为国学有根底的人设想，只为普通青年人想得一点系统的国学知识的人设想。这是我要声明的第一点。

这虽是一个书目，却也是一个法门。这个法门可以叫做"历史的国学研究法"，这四五年来，我不知收到多少青年朋友询问"治国学有何门径"的信。我起初也学着老前辈们的派头，劝人从"小学"入手，劝人先通音韵训诂。我近来忏悔了！那种话是为专家说的，不是为初学人说的；是学者装门面的话，不是教育家引人入胜的法子。音韵训诂之学自身还不曾整理出个头绪系统来，如何可作初学人的入手功夫？十几年的经验使我不能不承认音韵训诂之学只可以作"学者"的工具，而不是"初学"的门径。老实说来，国学在今日还没有门径可说；那些国学有成绩的人大都是下死功夫笨干出来的。死功夫固是重要，但究竟不是初学的门径。对初学人说法，须先引起他的真兴趣，他然后肯下死功夫。在这个没有门径的时候，我曾想出一个下手方法来：就是用历史的线索做我们的天然系统,用这个天然继续演进的顺序做我们治国学的历程。这个书目便是依着这个观念做的。这个书目的顺序便是下手的法门。这是我要声明的第二点。

这个书目不单是为私人用的,还可以供一切中小学校图书馆及地方公共图书馆之用。所以每部书之下,如有最易得的版本,皆为注出。

## 一　工具之部

《书目举要》(周贞亮,李之鼎)南城宜秋馆本。这是书目的书目。

《书目答问》(张之洞)刻本甚多,近上海朝记书庄有石印"增辑本",最易得。

《四库全书总目提要》,附存目录,广东图书馆刻本,又点石斋石印本最方便。

《汇刻书目》(顾修),顾氏原本已不适用,当用朱氏增订本,或上海北京书店翻印本,北京有益堂翻本最廉。

《续汇刻书目》(罗振玉)双鱼堂刻本。

《史姓韵编》(汪辉祖),刻本稍贵,石印本有两种。此为《二十四史》的人名索引,最不可少。

《中国人名大辞典》商务印书馆。

《历代名人年谱》(吴荣光)北京晋华书局新印本。

《世界大事年表》(傅运森)商务印书馆。

《历代地理韵编》、《清代舆地韵编》(李兆洛)广东图书馆本,又坊刻《李氏五种》本。

《历代纪元编》(六承如)《李氏五种》本。

《经籍籑诂》(阮元等),点石斋石印本可用。读古书者,于寻常典外，应备此书。

《经传释词》（王引之）通行本。

《佛学大辞典》（丁福保等译编），上海医学书局。

## 二　思想史之部

《中国哲学史大纲》上卷（胡适）商务印书馆。

二十二子：

《老子》、《庄子》、《管子》、《列子》、《墨子》、《荀子》、《尸子》、《孙子》、《孔子集语》、《晏子春秋》、《吕氏春秋》、《贾谊新书》、《春秋繁露》、《扬子法言》、《文子缵义》、《黄帝内经》、《竹书纪年》、《商君书》、《韩非子》、《淮南子》、《文中子》、《山海经》

浙江公立图书馆（即浙江书局）刻本。上海有铅印本亦尚可用。汇刻子书，以此部为最佳。

《四书》（《论语》、《大学》、《中庸》、《孟子》）最好先看白文，或用朱熹集注本。

《墨子间诂》（孙诒让）原刻本，商务印书馆影印本。

《庄子集释》（郭庆藩）原刻本，石印本。

《荀子集注》（王先谦）原刻本，石印本。

《淮南鸿烈集解》（刘文典），商务印书馆出版。

《春秋繁露义证》（苏舆）原刻本。

《周礼》通行本。

《论衡》（王充）通津草堂本（商务印书馆影印）；湖北崇文书局本。

《抱朴子》（葛洪）、《平津馆丛书》本最佳，亦有单行的；湖北崇文书局本。

《四十二章经》金陵刻经处本。以下略举佛教书。

《佛遗教经》同上。

《异部宗轮论述记》（窥基）江西刻经处本。

《大方广佛华严经》（东晋译本）金陵刻经处。

《妙法莲华经》（鸠摩罗什译）同上。

《般若纲要》（葛𧂭）、《大般若经》太繁，看此书很够了。扬州藏经院本。

《般若波罗密多心经》（玄奘译）

《金刚般若波罗密经》（鸠摩罗什译，菩提流支译，真谛译）以上两书，流通本最多。

《阿弥陀经》（鸠摩罗什译）此书译本与版本皆极多，金陵刻经处有《阿弥陀经要解》（智旭）最便。

《大方广圆觉了义经》（即《圆觉经》）（佛陀多罗译）金陵刻经处白文本最好。

《十二门论》（鸠摩罗什译）金陵刻经处本。

《中论》（同上）扬州藏经院本。

以上两种，为三论宗"三论"之二。

《三论玄义》（隋吉藏撰）金陵刻经处本。

《大乘起信论》（伪书）此虽是伪书，然影响甚大。版本甚多，金陵刻经处有沙门真界纂注本颇便用。

《大乘起信论考证》（梁启超）此书介绍日本学者考订佛书真伪的方法，甚有益。商务印书馆将出版。

《小止观》（一名《童蒙止观》，智𫖮撰）天台宗之书不易读，此书最便初学。金陵刻经处本。

《相宗八要直解》（智旭直解）金陵刻经处本。

《因明入正理论疏》（窥基直疏）金陵刻经处本。

《大慈恩寺三藏法师传》（慧立撰）玄奘为中国佛教史上第一伟大人物，此传为中国传记文学之大名著。常州天宁寺本。

《华严原人论》(宗密撰)有正书局有合解本,价最廉。

《坛经》(法海录)流通本甚多。

《古尊宿语录》此为禅宗极重要之书,坊间现尚无单行刻本。

《大藏经》缩刷本腾字四至六。

《宏明集》(梁僧祐集)此书可考见佛教在晋宋齐梁士大夫间的情形。金陵刻经处本。

《韩昌黎集》(韩愈)坊间流通本甚多。

《李文公集》(李翱)《三唐人集》本。

《柳河东集》(柳宗元)通行本。

《宋元学案》(黄宗羲,全祖望等)冯云濠刻本,何绍基刻本,光绪五年长沙重印本。坊间石印本不佳。

《明儒学案》(黄宗羲)莫晋刻本最佳。坊间通行有江西本,不佳。

以上两书,保存原料不少,为宋、明哲学最重要又最方便之书。此下所列,乃是补充这两书之缺陷,或是提出几部不可不备的专家集子。

《直讲李先生集》(李觏)商务印书馆印本。

《王临川集》(王安石)通行本。商务印书馆影印本。

《二程全书》(程灏、程颐)六安涂氏刻本。

《朱子全书》(朱熹)六安涂氏刻本,商务印书馆影印本。

《朱子年谱》(王懋竑)广东图书馆本,湖北书局本。此书为研究朱子最不可少之书。

《陆象山全集》(陆九渊)上海江左林铅本很可用。

《陈龙川全集》(陈亮)通行本。

《叶水心全集》(叶适)通行本。

《王文成公全书》(王守仁)浙江图书馆本。

《困知记》(罗钦顺)嘉庆四年翻明刻本。正谊堂本。

《王心斋先生全集》（王艮）近年东台袁氏编订排印本最好，上海国学保存会寄售。

《罗文恭公全集》（罗洪先）雍正间刻本，《四库全书》本与此不同。

《胡子衡齐》（胡直）此书为明代哲学中一部最有条理又最有精彩之书。《豫章丛书》本。

《高子遗书》（高攀龙）无锡刻本。

《学蔀通辨》（陈建）正谊堂本。

《正谊堂全书》（张伯行编）这部丛书搜集程朱一系的书最多，欲研究"正统派"的哲学的，应备一部，全书六百七十余卷，价约三十元。初刻本已不可得，现行者为同治间初刻本。

《清代学术概论》（梁启超）商务印书馆。

《日知录》（顾炎武）用黄汝成《集释》本。通行本。

《明夷待访录》（黄宗羲）单行本。扫叶山房《梨洲遗著汇刊》本。

《张子正蒙注》（王夫之）《船山遗书》本。

《思问录内外篇》（王夫之）同上。

《俟解》一卷，《噩梦》一卷（王夫之）同上。

《颜李遗书》（颜元、李恭）《畿辅丛书》本可用。北京四存学会增补全书本。

《费氏遗书》（费密）成都唐氏刻本。（北京大学出版部寄售）

《孟子字义疏证》（戴震）、《戴氏遗书》本。国学保存会有铅印本，但已卖缺了。

《章氏遗书》（章学诚）浙江图书馆排印本，上海刘翰怡新刻全书本。

《章实斋年谱》（胡适）商务印书馆出版。

《崔东壁遗书》（崔述）道光四年陈履和刻本；《畿辅丛书》本只有《考信录》，亦可够用了。全书现由亚东图书馆重印，不久可出版。

《汉学商兑》（方东树）此书无甚价值，但可考见当日汉宋学之争。单行本，朱氏《槐庐丛书》本。

《汉学师承记》（江藩）通行本，附《宋学师承记》。

《新学伪经考》（康有为）光绪辛卯初印本；新刻本只增一序。

《史记探原》（崔适）初刻本；北京大学出版部排印本。

《章氏丛书》（章炳麟）康宝忠等排印本，浙江图书馆刻本。

### 三　文学史之部

《诗经集传》（朱熹）通行本。

《诗经通论》（姚际恒）闻商务印书馆将重印。

《诗本谊》（龚橙）浙江图书馆《半广丛书》本。

《诗经原始》（方玉润）闻商务印书馆不久将有重印本。

《诗毛氏传疏》（陈奂）《清经解续编》卷七百七十八以下。

《檀弓》、《礼记》第二篇。

《春秋左氏传》通行本。

《战国策》商务印书馆有铅印补注本。

《楚辞集注》，附《辨证后语》（朱熹）通行本；扫叶山房有石印本。

《全上古三代秦汉三国六朝文》（严可均编）广雅书局本。此书搜集最富，远胜于张溥的《汉魏六朝百三家集》。

《全汉三国晋南北朝诗》（丁福保编）上海医学书局出版。

《古文苑》（章樵注）江苏书局本。

《续古文苑》（孙星衍编）江苏书局本。

《文选》（萧统编）上海会文堂有石印胡刻李善注本最方便。

《文心雕龙》（刘勰）原刻本，通行本。

《乐府诗集》（郭茂倩编）湖北书局刻本。

《唐文粹》（姚铉编）江苏书局本。

《唐文粹补遗》（郭麟编）同上。

《全唐诗》（康熙朝编）扬州原刻本，广州本，石印本，五代词亦在此中。

《宋文鉴》（吕祖谦编）江苏书局本。

《南宋文范》（庄仲方编）同上。

《南宋文录》（董兆熊编）同上。

《宋诗抄》（吕留良、吴之振等编）商务印书馆本。

《宋诗抄补》（管庭芬等编）商务印书馆本。

《宋六十家词》（毛晋编）汲古阁本，广州刊本，上海博古斋石印本。

《四印斋王氏所刻宋元人词》（王鹏运编刻）原刻本，板存北京南阳山房。

《彊村所刻词》（朱祖谋编刻）原刻本。王、朱两位刻的词集都很精，这是近人对于文学史料上的大贡献。

《太平乐府》（杨朝英编）《四部丛刊》本。

《阳春白雪》（杨朝英编）南陵徐氏《随庵丛书》本。

以上两种为金元人曲子的选本。

《董解元弦索西厢》（董解元）刘世珩、暖红室汇刻传奇本。

《元曲选一百种》（臧晋叔编）商务印书馆有影印本。

《金文最》（张金吾编）江苏书局本。

《元文类》（苏天爵编）同上。

《宋元戏曲史》（王国维）商务印书馆本。

《京本通俗小说》这是七种南宋的话本小说，上海蟫隐庐《烟画东堂小品》本。

《宣和遗事》、《士礼居丛书》商务印书馆有排印本。

《五代史平话》残本董康刻本。

《明文在》（薛熙编）江苏书局本。

《列朝诗集》（钱谦益编）国学保存会排印本。

《明诗综》（朱彝尊编）原刻本。

《六十种曲》（毛晋编刻）汲古阁本。此书善本已不易得。

《盛明杂剧》（沈泰编）董康刻本。

《暖红室汇刻传奇》（刘世珩编刻）原刻本。

《笠翁十二种曲》（李渔）原刻巾箱本。

《九种曲》（蒋士铨）原刻本。

《桃花扇》（孔尚任）通行本。

《长生殿》（洪昇）通行本。

清代戏曲多不胜举；故举李、蒋两集，孔、洪两种历史戏，作几个例而已。

《曲苑》上海古书流通处（？）编印本。此书汇集关于戏曲的书十四种，中如焦循《剧说》，如梁辰鱼《江东白苎》，皆不易得。石印本价亦廉，故存之。

《缀白裘》这是一部传奇选本，虽多是零篇，但明末清初的戏曲名著都有代表的部分存在此中。在戏曲总集中，这也是一部重要书了。通行本。

《曲录》（王国维）、《晨风阁丛书》本。

《湖海文传》（王昶编）所选都是清朝极盛时代的文章，最可代表清朝"学者的文人"的文学。原刻本。

《湖海诗传》（王昶编）原刻本。

《鲒埼亭集》（全祖望）借树山房本。

《惜抱轩文集》（姚鼐）通行本。

《大云山房文稿》（恽敬）四川刻本，南昌刻本。

《文史通义》（章学诚）贵阳刻本，浙江局本，铅印本。

《龚定庵全集》（龚自珍）万本书堂刻本。国学扶轮社本。

《曾文正公文集》（曾国藩）、《曾文正全集》本。

清代古文专集，不易选择，我经过很久的考虑，选出全、姚、恽、章、龚、曾六家来作例。

《吴梅村诗》（吴伟业）、《梅村家藏稿》（董康刻本，商务印书馆影印本）本，无注；此外有靳荣藩《吴诗集览》本，有吴翌凤《梅村诗集笺注》本。

《瓯北诗钞》（赵翼）《瓯北全集》本，单行本。

《两当轩诗钞》（黄景仁）光绪二年重刻本。

《巢经巢诗抄》（郑珍）贵州刻本；北京有翻刻本，颇有误字。

《秋蟪吟馆诗钞》（金和）铅印全本；家刻本略有删减。

《人境庐诗钞》（黄遵宪）日本铅印本。

清代诗也很难选择。我选梅村代表初期，瓯北与仲则代表乾隆一期；郑子尹与金亚匏代表道、咸、同三期；黄公度代表末年的过渡时期。

明清两朝小说：

《水浒传》亚东图书馆三版本。

《西游记》（吴承恩）亚东图书馆再版本。

《三国志》亚东图书馆本。

《儒林外史》（吴敬梓）亚东图书馆四版本。

《红楼梦》（曹雪芹）亚东图书馆三版本。

《水浒后传》（陈忱，自署古宋遗民）此书借宋徽、钦二帝事来写明末遗民的感慨，是一部极有意义的小说。亚东图书馆《水浒续集》本。

《镜花缘》（李汝珍）此书虽有"掉书袋"的毛病，但全篇为女子争平等的待遇，确是一部很难得的书。亚东图书馆本。

以上各种，均有胡适的考证或序，搜集了文学史的材料不少。

《今古奇观》，通行本。可代表明代的短篇。

《三侠五义》此书后经俞樾修改，改名《七侠五义》。此书可代表北方的义侠小说。旧刻本《七侠五义》流通本较多。亚东图书馆不久将有重印本。

《儿女英雄传》（文康）蜚英馆石印本最佳；流通本甚多。

《九命奇冤》（吴沃尧）广智书局铅印本。

《恨海》（吴沃尧）通行本甚多。

《老残游记》（刘鹗）商务印书馆铅印本。

以上略举十三种，代表四五百年的小说。

《五十年来的中国文学》（胡适）本书卷二。

## 跋

文学史一部，注重总集；无总集的时代，或总集不能包括的文人，始举别集。因为文集太多，不易收买，尤不易遍览，故为初学人及小图书馆计，皆宜先从总集下手。

# 我都储备了哪些知识

# 发起《读书杂志》的缘起

差不多一百年前，清朝的大学者王念孙和他的儿子王引之两个人合办了一种不朽的杂志，叫做《读书杂志》。这个杂志前后共出了七十六卷，这一百年来，也不知翻刻翻印了多少次了！我们想象那两位白发的学者——一位八十多岁，一位六十多岁——用不老的精神和科学的方法，校注那许多的古书来嘉惠我们，那一副"白发校书图"还不够使我们少年人惭愧感奋吗？我是崇拜高邮王氏父子的一个人，现在发起这个新的《读书杂志》，希望各位爱读书的朋友们把读书研究的结果，借他发表出来。一来呢，各人的心得可以因此得着大家的批评。二来呢，我们也许能引起国人一点读书的兴趣，——大家少说点空话，多读点好书！

# 谈谈《诗经》

这是民国十四年九月在武昌大学讲演的大意,曾经刘大杰君笔记,登在《艺林旬刊》(《晨报副刊》之一)第二十期发表;又收在艺林社《文学论集》。笔记颇有许多大错误。现在我修改了一遍,送给顾颉刚先生发表在《古史辨》里。

《诗经》在中国文学上的位置,谁也知道,它是世界上最古的有价值的文学的一部,这是全世界公认的。

《诗经》有十三国的国风,只没有《楚风》。在表面上看来,湖北这个地方,在《诗经》里,似乎不能占一个位置。但近来一般学者的主张,《诗经》里面是有《楚风》的,不过没有把它叫做《楚风》,叫它做《周南》、《召南》罢了。所以我们可以说:《周南》、《召南》就是《诗经》里面的《楚风》。

我们说《周南》、《召南》就是《楚风》,这有什么证据呢?这是有证据的。我们试看看《周南》、《召南》,就可以找着许多提及江水、汉水、汝水的地方。像"汉之广矣","江之永矣","遵彼汝坟"这类的句子,想大家都是记得的。汉水、江水、汝水流域不是后来所谓"楚"的疆域吗?所以我们可以说《周南》、《召南》大半是《诗经》里面的《楚风》了。

《诗经》既有《楚风》,我们在这里谈《诗经》,也就是欣赏"本地风光"。

我觉得用新的科学方法来研究古代的东西，确能得着很有趣味的效果。一字的古音，一字的古义，都应该拿正当的方法去研究的。在今日研究古书，方法最要紧；同样的方法可以收同样的效果。我今天讲《诗经》，也是贡献一点我个人研究古书的方法。在我未讲研究《诗经》的方法以前，先讲讲对于《诗经》的几个基本的概念。

（一）《诗经》不是一部经典。从前的人把这部《诗经》都看得非常神圣，说它是一部经典，我们现在要打破这个观念；假如这个观念不能打破，《诗经》简直可以不研究了。因为《诗经》并不是一部圣经，确实是一部古代歌谣的总集，可以做社会史的材料，可以做政治史的材料，可以做文化史的材料。万不可说它是一部神圣经典。

（二）孔子并没有删《诗》，"诗三百篇"本是一个成语。从前的人都说孔子删《诗》、《书》，说孔子把《诗经》删去十分之九，只留下十分之一。照这样看起来，原有的诗应该是三千首。这个话是不对的。唐朝的孔颖达也说孔子的删《诗》是一件不可靠的事体。假如原有三千首诗，真的删去了二千七百首，那在《左传》及其他的古书里面所引的诗应该有许多是三百篇以外的，但是古书里面所引的诗不是三百篇以内的虽说有几首，却少得非常。大概前人说孔子删《诗》的话是不可相信的了。

（三）《诗经》不是一个时代辑成的。《诗经》里面的诗是慢慢地收集起来，成现在这么样的一本集子。最古的是《周颂》，次古的是《大雅》，再迟一点的是《小雅》，最迟的就是《商颂》、《鲁颂》、《国风》了。《大雅》、《小雅》里有一部分是当时的卿大夫作的，有几首并有作者的主名；《大雅》收集在前，《小雅》收集在后。《国风》是各地散传的歌谣，由古人收集起来的。这些歌谣产生的时候大概很古，但收集的时候却很晚了。我们研究《诗经》里面的文法和内容,可以说《诗经》里面包含的时期约在六七百年的上下。所以我们应该知道,《诗经》不是哪一个人辑的,也不是哪一个人作的。

(四)《诗经》的解释。《诗经》到了汉朝,真变成了一部经典。《诗经》里面描写的那些男女恋爱的事体,在那班道学先生看起来,似乎不大雅观,于是对于这些自然的有生命的文学不得不另加种种附会的解释。所以汉朝的齐、鲁、韩三家对于《诗经》都加上许多的附会,讲得非常的神秘。明是一首男女的恋歌,他们故意说是歌颂谁,讽刺谁的。《诗经》到了这个时代,简直变成了一部神圣的经典了。这种事情,中外大概都是相同的,像那本《旧约全书》的里面,也含有许多的诗歌和男女恋爱的故事,但在欧洲中古时代 也曾被教会的学者加上许多迂腐穿凿的解说,使它们不违背中古神学。后起的《毛诗》对于《诗经》的解释又把从前的都推翻了,另找了一些历史上的——《左传》里面的事情——证据,来作一种新的解释。《毛诗》研究《诗经》的见解比齐、鲁、韩三家确实是要高明一点,所以《毛诗》渐渐打倒了三家诗,成为独霸的权威。我们现在读的还是《毛诗》。到了东汉,郑康成读《诗》的见解比毛公又要高明。所以到了唐朝,大凡研究《诗经》的人都是拿《毛传》、《郑笺》做底子。到了宋朝,出了郑樵和朱子,他们研究《诗经》,又打破毛公的附会,由他们自己作解释。他们这种态度,比唐朝又不同一点,另外成了一种宋代说《诗》的风气。清朝讲学的人都是崇拜汉学,反对宋学的,他们对于考据训诂是有特别的研究,但是没有什么特殊的见解。他们以为宋学是不及汉学的,因为汉在一千七八百年以前,宋只在七八百年以前。 殊不知汉人的思想比宋人的确要迂腐得多呢!但在那个时候研究《诗经》的人,确实出了几个比汉、宋都要高明的,如著《诗经通论》的姚际恒,著《读风偶识》的崔述,著《诗经原始》的方玉润,他们都大胆地推翻汉、宋的腐旧的见解,研究《诗经》里面的字句和内容。照这样看起来,二千年来《诗经》的研究实是一代比一代进步的了。

《诗经》的研究,虽说是进步的,但是都不彻底,大半是推翻这部,附会那部;推翻那部,附会这部。我看对于《诗经》的研究想要彻底地改革,恐怕还在我们呢!我们应该拿起我们的新的眼光,好的方法,多的材料,去大胆地细心地研究;我相信我们研究的效果比前人又可圆满一点了。这是我们应取的态度,也是我们应尽的责任。

上面把我对于《诗经》的概念说了一个大概,现在要谈到《诗经》具体地研究了。研究《诗经》大约不外下面这两条路:

第一,训诂。用小心的精密的科学的方法,来做一种新的训诂功夫,对于《诗经》的文字和文法上都从新下注解。

第二,解题。大胆地推翻二千年来积下来的附会的见解;完全用社会学的、历史的、文学的眼光从新给每一首诗下个解释。

所以我们研究《诗经》,关于一句一字,都要用小心的科学的方法去研究;关于一首诗的用意,要大胆地推翻前人的附会,自己有一种新的见解。

现在让我先讲了方法,再来讲到训诂罢。

清朝的学者最注意训诂,如戴震、胡承珙、陈奂、马瑞辰等等,凡他们关于《诗经》的训诂著作,我们都应该看的。戴震有两个高足弟子,一是金坛段玉裁,一是高邮王念孙及其子引之,都有很重要的著作,可为我们参考的。如段注《说文解字》,念孙所作《读书杂志》、《广雅疏证》等;尤其是引之所作的《经义述闻》、《经传释词》,对于《诗经》更有很深的见解,方法亦比较要算周密得多。

前人研究《诗经》都不讲文法,说来说去,终得不着一个切实而明了的解释,并且越讲越把本义搅昏昧了。清代的学者,对于文法就晓得用比较归纳的方法来研究。

如"终风且暴",前人注是——终风,终日风也。但清代王念孙父子把"终风且暴"来比较"终温且惠","终窭且贫",就可知"终"字应当作"既"字解。有了这一个方法,自然我们无论碰到何种困难地方,只要把它归纳比较起来,就一目了然了。

《诗经》中常用的"言"字是很难解的。汉人解作"我"字,自是不通的。王念孙父子知道"言"字是语词,却也说不出它的文法作用来。我也曾应用这个比较归纳的方法,把《诗经》中含有"言"字的句子抄集起来,便知"言"字究竟是如何的用法了。

我们试看:

彤弓弨兮,受言藏之。

驾言出游。

陟彼南山,言采其蕨。

这些例里,"言"字皆用在两个动词之间。"受而藏之","驾而出游"……岂不很明白清楚?(看我的《诗三百篇言字解》,十三版《胡适文存》页 三三五—三四〇)苏东坡有一首"日日出东门"诗,上文说"步寻东城游",下文又说"驾言写我忧"。他错看了《诗经》"驾言出游,以写我忧"的"驾言"二字,以为"驾言"只是一种语助词。所以章子厚笑他说:"前步而后驾,何其上下纷纷也!"

上面是把虚字当作代名词的。再有把地名当作动词的,如"胥"本来是一个地名。古人解为"胥,相也。"这也是错了。我且举几个例来证明。《大雅·公刘》一篇有"于胥斯原"一句,《毛传》说:"胥,相也。"《郑笺》说:"相此原地以居民。"但我们细看此诗共分三大段,写公刘经营的三个地方,三个地方的写法是一致的:

(1)于胥斯原。

(2)于京斯依。

（3）于豳斯馆。

我们比较这三句的文法，就可以明白，"胥"是一个地方的名称，假使有今日的标点符号，只要打一个"—"儿就明白了。《绵》篇中说太王"爰及姜女，聿来胥宇"，也是这个地方。

还有那个"于"字在《诗经》里面，更是一个很发生问题的东西。汉人也把它解错了，他们解为"于，往也。"例如《周南·桃夭》的"之子于归"，他们误解为"之子往归"。这样一解，已经太牵强了，但还勉强解得过去；若把它和别的句子比较起来解释，如《周南·葛覃》的"黄鸟于飞"解为"黄鸟往飞"，《大雅·卷阿》的"凤凰于飞"解为"凤凰往飞"，《邶风·燕燕》的"燕燕于飞"解为"燕燕往飞"，这不是不通吗？那么，究竟要怎样解释才对呢？我可以说，"于"字等于"焉"字，作"于是"解。"焉"字用在内动词的后面，作"于是"解，这是人人可懂的。但在上古文法里，这种文法是倒装的。"归焉"成了"于归"；"飞焉"成了"于飞"。"黄鸟于飞"解为"黄鸟在那儿飞"，"凤凰于飞"解为"凤凰在那儿飞"，"燕燕于飞"解为"燕燕在那儿飞"，这样一解就可通了。

我们谁都认得"以"字。但这"以"字也有问题。如《召南·采蘩》说：

于以采蘩？于沼于沚。于以用之？公侯之事。

于以采蘩？于涧之中。于以用之？公侯之宫。

这些句法明明是上一句问，下一句答。"于以"即是"在哪儿？""以"字等于"何"字。（这个"以"字解为"哪儿？"我的朋友杨遇夫先生有详说）

在哪儿采蘩呢？在沼在沚。又在哪儿用？用在公侯之事。

在哪儿采蘩呢？在涧之中。又在哪儿用呢？用在公侯之宫。

像这样解释的时候，谁也说是通顺的了。又如《邶风·击鼓》"于以求之？于林之下"，解为"在哪儿去求呢？在林之下"。所以"于以求之"的下面，只要标一个问号（？），就一目了然了。

《诗经》中的"维"字，也很费解。这个"维"字，在《诗经》里面约有二百多个。从前的人都把它解错了。我觉得这个"维"字有好几种用法。最普通的一种是应作"呵，呀"的感叹词解。老子《道德经》也说"唯之与阿，相去几何？"可见"唯"、"维"本来与"阿"相近。如《召南·鹊巢》的：

维鹊有巢，维鸠居之。维鹊有巢，维鸠方之。

若拿"呵"字来解释这一个"维"字，那就是"呵，鹊有巢！呵，鸠去住了！"此外的例，如"维此文王"即是"呵，这文王！""维此王季"即是"呵，这王季！"你们记得人家读祭文，开首总是"维，中华民国十有四年"。"维"字应顿一顿，解作"呵"字。

我希望大家对于《诗经》的文法细心地做一番精密的研究，要一字一句地把它归纳和比较起来，才能领略《诗经》里面真正的意义。清朝的学者费了不少的时间，终究得不着圆满的结果，也就是因为他们缺少文法上的知识和虚字的研究。

上面已把研究《诗经》训诂的方法约略谈过，现在要谈到《诗经》每首诗的用意如何，应怎样解释才对，便到第二条路所谓解题了。

这一部《诗经》已经被前人闹得乌烟瘴气，莫名其妙了。诗是人的性情的自然表现，心有所感，要怎样写就怎样写，所谓"诗言志"是。《诗经·国风》多是男女感情的描写，一般经学家多把这种普遍真挚的作品勉强拿来安到什么文王武王的历史上去；一部活泼泼的文学因为他们这种牵强的解释，便把它的真意完全失掉，这是很可痛惜的！譬如《郑风》二十一篇，有四分之三是爱情诗，《毛诗》却认《郑风》与男女问题有关的诗只有五六篇，如《鸡鸣》、《野有蔓草》等。说来倒是我的同乡朱子高明多了，他已认《郑风》多是男女相悦淫奔的诗，但他亦多荒谬。《关雎》

明明是男性思恋女性不得的诗，他却在《诗集传》里说什么"文王生有圣德，又得圣女姒氏以为之配"，把这首情感真挚的诗解得僵直不成样了。

好多人说《关雎》是新婚诗，亦不对。《关雎》完全是一首求爱诗，他求之不得，便寤寐思服，辗转反侧，这是描写他的相思苦情；他用了种种勾引女子的手段，友以琴瑟，乐以钟鼓，这完全是初民时代的社会风俗，并没有什么稀奇。意大利、西班牙有几个地方，至今男子在女子的窗下弹琴唱歌，取欢于女子。至今中国的苗民还保存这种风俗。

《野有死麕》的诗，也同样是男子勾引女子的诗。初民社会的女子多欢喜男子有力能打野兽，故第一章："野有死麕，白茅包之。"写出男子打死野麕，包以献女子的情形。"有女怀春，吉士诱之。"便写出他的用意了。此种求婚献野兽的风俗，至今有许多地方的蛮族还保存着。

《嘒彼小星》一诗，好像是写妓女生活的最古记载。我们试看《老残游记》，可见黄河流域的妓女送铺盖上店陪客人的情形。再看原文：

嘒彼小星，三五在东。肃肃宵征，夙夜在公。实命不同。

嘒彼小星，维参与昴。肃肃宵征，抱衾与裯。实命不犹。

我们看她抱衾裯以宵征，就可知道她的职业生活了。

《芣苢》诗没有多深的意思，是一首民歌，我们读了可以想见一群女子，当着光天丽日之下，在旷野中采芣苢，一边采，一边歌。看原文：

采采芣苢，薄言采之。采采芣苢，薄言有之。采采芣苢，薄言掇之。采采芣苢，薄言捋之。采采芣苢，薄言袺之。采采芣苢，薄言襭之。

《著》诗，是一个新婚女子出来的时候叫男子暂候，看看她自己装饰好了没有，显出了一种很艳丽细腻的情景。原文：

俟我于著乎而？充耳以素乎而？尚之以琼华乎而？

俟我于堂乎而？充耳以黄乎而？尚之以琼英乎而？

我们试曼声读这些诗，是何等情景？唐代朱庆馀上张水部有一首诗，妙有这种情致。诗云：

洞房昨夜停红烛，待晓堂前拜舅姑。妆罢低声问夫婿，"画眉深浅入时无？"

你们想想，这两篇诗的情景是不是很相像。

总而言之，你要懂得《诗经》的文字和文法，必须要用归纳比较的方法。你要懂得三百篇中每一首的题旨，必须撇开一切《毛传》、《郑笺》、《朱注》等等，自己去细细涵咏原文。但你必须多备一些参考比较的材料：你必须多研究民俗学、社会学、文学、史学。你的比较材料越多，你就会觉得《诗经》越有趣味了。

# 论短篇小说

这一篇乃是三月十五日在北京大学国文研究所小说科讲演的材料。原稿由研究员傅斯年君记出，载于《北京大学日刊》。今就傅君所记，略为更易，作为此文。

## 一　什么叫做"短篇小说？"

中国今日的文人大概不懂"短篇小说"是什么东西，现在的报纸杂志里面，凡是笔记杂纂，不成长篇的小说，都可叫做"短篇小说"。所以现在那些"某生，某处人，幼负异才……一日，游某园，遇一女郎，睨之，天人也……"一派的烂调小说，居然都称为"短篇小说"！其实这是大错的。西方的"短篇小说"（英文叫做 short story），在文学上有一定的范围，有特别的性质，不是单靠篇幅不长便可称为"短篇小说"的。

我如今且下一个"短篇小说"的界说：

短篇小说是用最经济的文学手段，描写事实中最精彩的一段，或一方面，而能使人充分满意的文章。

这条界说中，有两个条件最宜特别注意。今且把这两个条件分说如下：

（一）"事实中最精彩的一段或一方面"。譬如把大树的树身锯断，懂植物学的人看了树身的"横截面"，数了树的"年轮"，便可知道这树的年纪。一人的生活，一国的历史，一个社会的变迁，都有一个"纵剖面"和无数"横截面"。纵面看去，须从头看到尾，才可看见全部。横面截开一段，若截在要紧的所在，便可把这个"横截面"代表这一人，或这一国，或这一个社会。这种可以代表全邦的部分，便是我所谓"最精彩"的部分。又譬如西洋照相术未发明之前，有一种"侧面剪影"（silhouette），用纸剪下人的侧面便可知道是某人（此种剪像曾风行一时，今虽有照相术，尚有人为之）。这种可以代表全形的一面，便是我所谓"最精彩"的方面。若不是"最精彩的"所在，决不能用一段代表全体，决不能用一面代表全形。

（二）"最经济的文学手段"。形容"经济"两个字，最好是借用宋玉的话："增之一分则太长，减之一分则太短，着粉则太白，施朱则太赤。"须要不可增减，不可涂饰，处处恰到好处，方可当"经济"二字。因此凡可以拉长演作章回小说的短篇，不是真正"短篇小说"，凡叙事不能畅尽，写情不能饱满的短篇，也不是真正"短篇小说"。

能合我所下的界说的，便是理想上完全的"短篇小说"。世间所称"短篇小说"，虽未能处处都与这界说相合，但是那些可传世不朽的"短篇小说"，绝没有不具上文所说两个条件的。

如今且举几个例。西历1870年，法兰西和普鲁士开战，后来法国大败，巴黎被攻破，出了极大的赔款，还割了两省地，才能讲和。这一次战争，在历史上，就叫做普法之战，是一件极大的事。若是历史家记载这事，必定要上溯两国开衅的远因中记载战争的详请，下寻战与和的影响：这样记去，可满几十本大册子。这种大事到了"短篇小说家"的手里，便用最经济的手腕去写这件大事的最精彩的一段或一面。我且不举别人，单举Daudet和

Maupassant 两个人为例。Daudet 所做普法之战的小说,有许多种。我曾译出一种叫做《最后一课》(《La Dernière Classe》,初译名《割地》,登上海《大共和日报》,后改用今名,登《留美学生季报》第三年)。全篇用法国割给普国两省中一省的一个小学生的口气,写割地之后,普国政府下令,不许再教法文法语。所写的乃是一个小学教师教法文的"最后一课"。一切割地的惨状,都从这个小学生眼中看出,口中写出。还有一种叫做《柏林之围》(《Le Siège de Berlin》,曾载《甲寅》第四号),写的是法皇拿破仑第三出兵攻普鲁士时,有一个曾在拿破仑第一麾下的老兵官,以为这一次法兵一定要大胜了,所以特地搬到巴黎,住在凯旋门边,准备着看法兵"凯旋"的大典。后来这老兵官病了,他的孙女儿天天假造法兵得胜的新闻去哄他。那时普国的兵已打破巴黎普兵进城之日,他老人家听见军乐声,还以为是法兵打破了柏林奏凯班师呢!这是借一个法国极强时代的老兵,来反照当日法国大败的大耻,两两相形,真可动人。

莫泊桑(Maupassant)所做普法之战的小说也有多种。我曾译他的《二渔夫》(《Deux Amis》),写巴黎被围的情形,却都从两个酒鬼身上着想(此篇曾载本报,故不更细述)。还有许多篇,如《Mlle.Fifi》之类(皆未译出),或写一个妓女被普国兵士掳去的情形,或写法国内地村乡里面的光棍,乘着国乱,设立"军政分府",作威作福的怪状……都可使人因此推想那时法国兵败以后的种种状态。这都是我所说的"用最经济的手腕,描写事实中最精彩的片段,而能使人充分满意"的短篇小说。

## 二 中国短篇小说的略史

"短篇小说"的定义既已说明了,如今且略述中国短篇小说的小史。

中国最早的短篇小说，自然要数先秦诸子的寓言了。《庄子》、《列子》、《韩非子》、《吕览》诸书所载的"寓言"，往往有用心结构可当"短篇小说"之称的。今举二例，第一例见于《列子·汤问》篇：

太行、王屋二山，方七百里，高万仞，本在冀州之南，河阳之北。

北山愚公者，年且九十，面山而居，惩山之塞出入之迂也，聚室而谋曰："吾与汝毕力平险，指通豫南，达于汉阴，可乎？"杂然相许。

其妻犹疑曰："以君之力，曾不能损魁父之丘。如太行王屋何？且焉置土石？"杂曰："投诸渤海之尾，隐土之北！"

遂率子孙荷担者三夫，叩石垦壤，箕畚运于渤海之尾。邻人京城氏之孀妻，有遗男，始龀，跳往助之。寒暑易节，始一返焉。

河曲智叟笑而止之曰："甚矣，汝之不慧！以残年余力，曾不能毁山之一毛，其如土石何？"

北山愚公长息曰："汝心之固，固不可彻，曾不若孀妻弱子！虽我之死，有子存焉。子又生孙，孙又有子，子又有子，子又有孙。子子孙孙，无穷匮也，而山不加增。何苦而不平？"

河曲智叟亡以应。

"操蛇之神"闻之，惧其不已也，告之于帝。帝感其诚，命夸娥氏二子负二山，一厝朔东，一厝雍南。自此，冀之南，汉之阴，无陇断焉。

这篇大有小说风味。第一，因为它要说"至诚可动天地"，却平空假造一段太行王屋两山的历史。第二，这段历史之中处处用人名地名，用直接会话，写细事小物，即写天神也用"操蛇之神"，"夸娥氏二子"等私名，所以写来好像真有此事。这两层都是小说家的家数。现在的人一开口便是"某生"、"某甲"，真是不曾懂得做小说的。

第二例见于《庄子·徐无鬼》篇：

> 庄子送葬，过惠子之墓，顾谓从者曰："郢人垩漫其鼻端，若蝇翼，使匠石斫之。匠石运斤成风，听而斫之，尽垩而鼻不伤。郢人立不失容。"
>
> 宋元君闻之，召匠石曰："尝试为寡人为之！"
>
> 匠石曰："臣则尝能斫之。虽然，臣之质死久矣！"
>
> 自夫子（谓惠子）之死也，吾无以为质矣！吾无与言之矣！

这一篇写"知己之感"，从古至今，无人能及。看他写"垩漫其鼻端，若蝇翼"，写"匠石运斤成风"，都好像真有此事，所以有文学的价值。看他寥寥七十个字，写尽无限感慨，是何等"经济的"手腕！

自汉到唐这几百年中，出了许多"杂记"体的书，却都不配称作"短篇小说"。最下流的如《神仙传》和《搜神记》之类，不用说了。最高的如《世说新语》，其中所记，有许多很有"短篇小说"的意味，却没有"短篇小说"的体裁。如下举的例：

（1）桓公（温）北征，经金城，见前为琅琊时种柳，皆已十围，慨然曰："木犹如此，人何以堪！"攀枝执条，泫然流泪。

（2）王子猷（徽之）居山阴，夜大雪，眠觉开室，命酌酒，四望皎然。因起彷徨，咏左思《招隐》诗，忽忆戴安道。时戴在剡，即便夜乘小船就之。经宿方至，造门不前而返。人问其故。王曰："吾本乘兴而来，兴尽而返，何必见戴！"

此等记载，都是拣取人生极精彩的一小段，用来代表那人的性情品格，所以我说《世说》很有"短篇小说"的意味。只是《世说》所记都是事实，或是传闻的事实，虽有剪裁，却无结构，故不能称做"短篇小说"。

比较说来，这个时代的散文短篇小说还该数到陶潜的《桃花源记》。这篇文字，命意也好，布局也好，可以算得一篇用心结构的"短篇小说"。此外，便须到韵文中去找短篇小说了。韵文中《孔雀东南飞》一篇是很好的短篇小说，记事言情，事事都到。但是比较起来，还不如《木兰辞》更为"经济"。

《木兰辞》，记木兰的战功，只用"将军百战死，壮士十年归"，十个字；记木兰归家的那一天，却用了一百多字。十个字记十年的事，不为少。一百多字记一天的事不为多。这便是文学的"经济"，但是比较起来，《木兰辞》还不如古诗《上山采蘼芜》更为神妙。那诗道：

上山彩蘼芜，下山逢故夫。长跪问故夫："新人复何如？"新人虽言好，未若故人姝。颜色类相似，手爪不相如。新人从门入，故人从合去。新人工织缣，故人工织素。织缣日一匹，织素五丈余。将缣来比素，新人不如故。

这首诗有许多妙处。第一，他用八十个字，写出那家夫妇三口的情形，使人可怜那被逐的"故人"，又使人痛恨那没有心肝，想靠着老婆发财的"故夫"。第二，他写那人弃妻娶妻的事，却不用从头说起，不用说"某某，某处人，娶妻某氏，甚贤，已而别有所欲，遂弃前妻而娶新欢……"他只从这三个人的历史中挑出那日从山上采野菜回来遇着故夫的几分钟，是何等"经济的手腕！"是何等"精彩的片段！"第三，他只用"上山采蘼芜，下山逢故夫"，十个字，便可写出这妇人是一个弃妇，被弃之后，非常贫苦，只得挑野菜度日。这是何等神妙手段！懂得这首诗的好处，方才可谈"短篇小说"的好处。

到了唐朝，韵文散文中都有很妙的短篇小说。韵文中杜甫的《石壕吏》是绝妙的例。那诗道：

暮投石壕村，有吏夜捉人，老翁逾墙走，老妇出门看。吏呼一何怒！妇啼一何苦！听妇前致词：三男邺城戍。一男附书至，二男新战死。生者且偷生,死者长已矣！室中更无人,惟有乳下孙,有孙母未去,出入无完裙。"老妪力虽衰,请从吏夜归,急应河阳役,犹得备晨炊。"夜久语声绝,如闻泣幽咽。……天明登前途,独与老翁别!

这首诗写天宝之乱,只写一个过路投宿的客人夜里偷听得的事,不插一句议论,能使人觉得那时代征兵之制的大害,百姓的痛苦,丁壮死亡的多,差役捉人的横行,一一都在眼前。捉人捉到生了孙儿的祖老太太,别的更可想而知了。

白居易的《新乐府》五十首中,尽有很好的短篇小说。最妙的是《新丰折臂翁》一首。看他写"是时翁年二十四,兵部牒中有名字,夜深不敢使人知,偷将大石搥折臂",使人不得不发生"苛政猛于虎"的思想。白居易的《琵琶行》也可算得一篇很好的短篇小说。白居易的短处,只因为他有点迂腐气,所以处处要把作诗的"本意"来作结尾,即如《新丰折臂翁》篇末加上"君不见开元宰相宋开府"一段,便没有趣味了。又如《长恨歌》一篇,本用道士见杨贵妃,带来信物一件事做主体。白居易虽作了这诗,心中却不信道士见杨妃的神话,所以他不但说杨妃所在的仙山"在虚无缥缈中",还要先说杨妃死时"金钿委地无人收,翠翘金雀玉搔头",竟直说后来"天上"带来的"钿合金钗"是马嵬坡拾起的了!自己不信,所以说来便不能叫人深信。人说赵子昂画马,先要伏地作种种马相。做小说的人,也要如此,也要用全副精神替书中人物设身处地,体贴入微。做"短篇小说"的人,格外应该如此。为什么呢?因为"短篇小说"要把所挑出的"最精彩的一段"作主体才可有全神贯注的妙处。若带点迂气,处处把"本意"点破,便是把书中事实作一种假设的附属品,便没有趣味了。

唐朝的散文短篇小说很多,好的却实在不多。我看来看去,只有张说的《虬髯客传》可算得上品的"短篇小说"。《虬髯客传》的本旨只是要说"真人之兴,非英雄所冀"。他却平空造出虬髯客一段故事，插入李靖、红拂一段情史，写到正热闹处，忽然写"太原公子褐裘而来"，遂使那位野心豪杰绝心于事国，另去海外开辟新国。这种立意布局，都是小说家的上等功夫。这是第一层长处。这篇是"历史小说"，凡做"历史小说"，不可全用历史上的事实却又不可违背历史上的事实，全用历史的事实，便成了"演义"体，如《三国演义》和《东周列国志》，没有真正"小说"的价值（三国所以稍有小说价值者，全靠其能于历史事实之外加入许多小说的材料耳）。若违背了历史的事实，如说岳传使岳飞的儿子挂帅印打平金国，虽可使一班愚人快意，却又不成"历史的"小说了。最好是能于历史事实之外，造成一些"似历史又非历史"的事实，到结果却又不违背历史的事实。如法国大仲马的《侠隐记》（商务出版。译者君朔，不知是何人。吾以为近年译西洋小说，当以君朔所译诸书为第一。君朔所用白话，全非抄袭旧小说的白话，乃是一种特创的白话，最能传达原书的神气，其价值高出林纾百倍。可惜世人不会赏识）。写英国暴君，查尔第一世为克林威尔所囚时，有几个侠士出了死力百计想把他救出来，每次都到将成功时忽又失败，写来极闹热动人，令人急煞，却终不能救免查理第一世断头之刑，故不违背历史的事实。又如《水浒传》所记宋江等三十六人是正史所有的事实。《水浒传》所写宋江在浔阳江上吟反诗，写武松打虎杀嫂，写鲁智深大闹和尚寺等事，处处闹热煞，却终不违历史的事实（《荡寇志》便违背历史的事实了）。《虬髯客传》的长处正在他写了许多动人的人物事实，把"历史的"人物（如李靖、刘文静、唐太宗之类），和"非历史的"人物（如虬髯客、红拂是）穿插夹混，叫人看了竟像那时真有这些人物事实。但写到后来，虬髯客飘然去了，依旧是唐太宗得了天下一毫不违背历史的事实。这是"历史小说"的方法，便是《虬髯客传》的第二层长处。此外还有一层好处。唐以前的小说，无论散文韵文，都只能叙事，不能用全文副气力描写人物。《虬髯客传》写虬髯客极有神气，自不用说了。就是写红拂、李靖等"配角"，也都有自性的神情风度。这种"写生"手段，是这篇的第三层长处。有这三层长处，所以我敢断定这篇《虬髯客传》是唐代第一篇"短篇小说"。

宋朝是"章回小说"发生的时代。如《宣和遗事》和《五代史平话》等书，都是后世"章回小说"的始祖。《宣和遗事》中记杨志卖力杀人，晁盖等八人路劫生辰纲，宋江杀阎婆惜诸段，便是施耐庵《水浒传》的稿本。从《宣和遗事》变成《水浒传》，是中国文学史上一大进步。但宋朝是"杂记小说"极盛的时代，故《宣和遗事》等书，总脱不了"杂记体"的性质，都是上段不接下段，没有结构布局的。宋朝的"杂记小说"颇多好的，但都不配称做"短篇小说"。"短篇小说"是有结构局势的，是用全副精神气力贯注到一段最精彩的事实上的。"杂记小说"是东记一段，西记一段，如一盘散沙，如一篇零用账，全无局势结构的。这个区别，不可忘记。

明、清两朝的"短篇小说"，可分白话与文言两种。白话的"短篇小说"可用《今古奇观》作代表。《今古奇观》是明末的书，大概不全是一人的手笔（如《杜十娘》一篇，用文言极多，远不如《卖油郎》，似出两人手笔）。书中共有四十篇小说，大要可分两派：一是演述旧作的，一是自己创作的。如《吴保安弃家赎友》一篇，全是演唐人的《吴保安传》，不过添了一些琐屑节目罢了。但是这些加添的琐屑节目便是文学的进步。《水浒》所以比《史记》更好，只在多了许多琐屑细节。《水浒》所以比《宣和遗事》更好，也只在多了许多琐屑细节。从唐人的吴保安，变成《今古奇观》的吴保安；从唐人的李汧公，变成《今古奇观》的李汧公；从汉人的伯牙子期，变成《今古奇观》的伯牙子期，——这都是文学由略而详，由粗枝大叶而琐屑细节的进步。此外那些明人自己创造的小说，如《卖油郎》，如《洞庭红》，如《乔太守》，如《念亲恩孝女藏儿》，都可称很好的"短篇小说"。依我看来，《今古奇观》的四十篇之中，布局以《乔太守》为最工，写生以《卖油郎》为最工。《乔太守》一篇，用一个李都管做全篇的线索，是有意安排的结构。《卖油郎》一篇写秦重、花魁娘子、九妈、四妈，各到好处。

《今古奇观》中虽有很平常的小说（如《三孝廉》、《吴保安》、《羊角哀》诸篇），比起唐人的散文小说，已大有进步。唐人的小说，最好的莫如《虬髯客传》。但《虬髯客传》写的是英雄豪杰，容易见长。《今古奇观》中大多数的小说，写的都是些琐细的人情世故，不容易写得好。唐人的小说大都属于理想主义（如《虬髯客传》、《红线》、《聂隐娘》诸篇）。《今古奇观》中如《卖油郎》、《徐老仆》、《乔太守》、《孝女藏儿》，便近于写实主义了。至于由文言的唐人小说，变成白话的《今古奇观》，写物写情，都更能曲折详尽，那更是一大进步了。

只可惜白话的短篇小说发达不久，便中止了。中止的原因，约有两层。第一，因为白话的"章回小说"发达了，做小说的人往往把许多短篇略加组织，合成长篇。如《儒林外史》和《品花宝鉴》名为长篇的"章回小说"，其实都是许多短篇凑拢来的。这种杂凑的长篇小说的结果，反阻碍了白话短篇小说的发达了。第二，是因为明末清初的文人，很做了一些中上的文言短篇小说。如《虞初新志》、《虞初续志》、《聊斋志异》等书里面，很有几篇可读的小说。比较看来，还该把《聊斋志异》来代表这两朝的文言小说。《聊斋》里面，如《续黄粱》、《胡四相公》、《青梅》、《促织》、《细柳》……诸篇，都可称为"短篇小说"。《聊斋》的小说，平心而论，实在高出唐人的小说。蒲松龄虽喜说鬼狐，但他写鬼狐却都是人情世故，于理想主义之中，却带几分写实的性质。这实在是他的长处。只可惜文言不是能写人情世故的利器。到了后来，那些学《聊斋》的小说，更不值得提起了。

## 三　结　论

最近世界文学的趋势，都是由长趋短，由繁多趋简要。——"简"与"略"不同，故这句话与上文说"由略而详"的进步，并无冲突。诗的一方面，所重的在于"写情短诗"（lyrical poerty 或译"抒忆诗"）。像 Homor, Milton, Dante, 那些几十万字的长篇，几乎没有人做了，就有人做（十九世纪尚多此种），也很少人读了。戏剧一方面，莎士比亚的戏，有时竟长到五出二十幕，此所指乃 Hamlet 也，后来变到五出五幕，又渐渐变成三出三幕；如今最注重的是"独角戏"了。小说一方面，自十九世纪中段以来，最通行的是"短篇小说"。长篇小说如 Tolstoy 的《战争与平和》，竟是绝无而仅有的了。所以我们简直可以说，"写情短诗"、"独幕剧"、"短篇小说"三项，代表世界文学最近的趋向。这种趋向的原因，不止一种：（一）世界的生活竞争一天忙似一天，时间越宝贵了，文学也不能不讲究"经济"；若不经济，只配给那些吃了饭没事做的老爷太太们看，不配给那些在社会上做事的人看了。（二）文学自身的进步，与文学的"经济"有密切关系。斯宾塞说，论文章的方法，千言万语，只是"经济"一件事。文学越进步，自然越讲求"经济"的方法。有此两种原因，所以世界的文学都趋向这三种"最经济的"体裁。今日中国的文学，最不讲"经济"。那些古文家和那《聊斋》滥调的小说家，只会记"某时到某地遇某人，做某事"的死账，毫不懂状物写情是全靠琐屑节目的。那些长篇小说家又只会做那无穷无极《九尾龟》一类的小说，连体裁布局都不知道，不要说文学的经济了。若要救这两种大错，不可不提倡那最经济的体裁，——不可不提倡真正的"短篇小说"。

# 谈新诗
## ——八年来一件大事

### 一

民国六年（1917年）一月一日，《新青年》第二卷第五号出版，里面有我的朋友高一涵的一篇文章，题目是《1917年预想之革命》。他预想从那一年起中国应该有两种革命：（一）于政治上应揭破贤人政治之真相；（二）于教育上应打消孔教为修身大本之宪条。高君的预言，不幸到今日还不曾实现。"贤人政治"的迷梦总算打破了一点，但是打破他的，并不是高君所希望的"立于万民之后，破除自由之阻力，鼓舞自动之机能"的民治国家，乃是一种更坏更腐败更黑暗的武人政治。至于孔教为修身大本的宪法，依现今的思想趋势看来，这个当然不能成立；但是安福部的参议院已通过这种议案了，今年双十节的前八日北京还要演出一出徐世昌亲自祀孔的好戏！

但是同一号的《新青年》里，还有一篇文章，叫做《文学改良刍议》，是新文学运动的第一次宣言书。《新青年》的第二卷第六号接着发表了陈独秀君的《文学革命论》。后来七年四月里又有一篇《建设的文学革命论》。这一种文学革命的运动，在我的朋友高君做那篇《1917年预想之革命》时虽然还没有响动，但是自从1917年1月以来，这种革命——多谢反对党送登广告的影响——居然可算是传播得很广很远了。文学革命的目的是要替中国创造一种"国语文学"——活的文学。这两年来的成绩，国语的散文是已过了辩论的时期，到了多数人实行的时期了，只有国语的韵文——所谓"新诗"——还脱不了许多人的怀疑。但是现在做新诗的人也就不少了。报纸上所载的，自北京到广州，自上海到成都，多有新诗出现。

这种文学革命预算是辛亥大革命以来的一件大事。现在《星期评论》出这个双十节的纪念号，要我做一万字的文章，我想，与其枉费笔墨去谈这八年来的无谓政治，倒不如让我来谈谈这些比较有趣味的新诗罢。

## 二

我常说，文学革命的运动，不论古今中外，大概都是从"文的形式"一方面下手，大概都是先要求语言文字文体等方面的大解放。欧洲三百年前各国国语的文学起来代替拉丁文学时，是语言文字的大解放；十八十九世纪法国雨果、英国华兹华斯（Wordsworth）等人所提倡的文学改革，是诗的语言文字的解放；近几十年来西洋诗界的革命，是语言文字和文体的解放。这一次中国文学的革命运动，也是先要求语言文字和文体的解放。新文学的语言是白话的，新文学的文体是自由的，是不拘格律的。初看起来，这都是"文的形式"一方面的问题，算不得重要，却不知道形式和内容有密切的关系。形式上的束缚，使精神不能自由发展，使良好的内容不能充分表现。若想有一种新内容和新精神，不能不先打破那些束缚精神的枷锁镣铐。因此，中国近年的新诗运动可算得是一种"诗体的大解放"。因为有了这一层诗体的解放，所以丰富的材料，精密的观察，高深的理想，复杂的感情，方才能跑到诗里去。五七言八句的律诗决不能容丰富的材料,二十八字的绝句决不能写精密的观察,长短一定的七言五言决不能委婉达出高深的理想与复杂的感情。

最明显的例就是周作人君的《小河》长诗(《新青年》六卷二号)。这首诗是新诗中的第一首杰作,但是那样细密的观察,那样曲折的理想,决不是那旧式的诗体词调所能达得出的。周君的诗太长了,不便引证,我且举我自己的一首诗作例:

应该

他也许爱我,——也许还爱我,——
但他总劝我莫再爱他。
他常常怪我;
这一天,他眼泪汪汪地望着我,
说道:"你如何还想着我?
想着我,你又如何能对他?
你要是当真爱我,
你应该把爱我的心爱他,
你应该把待我的情待他。"
…………
他的话句句都不错,——
上帝帮我!
我"应该"这样做!

(《尝试集二,五六》)

这首诗的意思神情都是旧体诗所达不出的。别的不消说,单说"他也许爱我,——也许还爱我"这十个字的几层意思,可是旧体诗能表达得出的吗?

再举康白情君的《窗外》:

窗外的闲月,

> 紧恋着窗内蜜也似的相思。
> 相思都恼了,
> 他还涎着脸儿在墙上相窥。
> 回头月也恼了,
> 一抽身儿就没了。
> 月倒没了,
> 相思倒觉着舍不得了。
>
> (《新潮》一,四)

这个意思,若用旧诗体,一定不能说得如此细腻。

就是写景的诗,也须有解放了的诗体,方才可以有写实的描画。例如杜甫诗"江天漠漠鸟飞去",何尝不好?但他为律诗所限,必须对上一句"风雨时时龙一吟",就坏了。简单的风景,如"高台芳树,飞燕蹴红英,舞困榆钱自落"之类,还可用旧诗体描写。稍微复杂细密一点,旧诗就不够用了。如傅斯年君的《深秋永定门晚景》中的一段(《新潮》一,二):

> ……那树边,地边,天边,
> 如云,如水,如烟,
> 望不断,——一线。
> 忽地里扑喇喇一响。
> 一个野鸭飞去水塘,
> 仿佛像大车音浪,漫漫地工——咚——当。
> 又有种说不出的声息,若续若不响。

这一段的第六行,若不用有标点符号的新体,决做不到这种完全写实的地步。又如俞平伯君的《春水船》中的一段(《冬夜》一,四):

> ……对面来个纤人,
> 拉着个单桅的船徐徐移去。
> 双橹插在舷唇,

>皱面开纹,
>
>活活水流不住。
>
>船头晒着破网。
>
>渔人坐在板上,
>
>把刀劈竹拍拍的响。
>
>船口立个小孩,又憨又蠢,
>
>不知为什么?
>
>笑眯眯痴看那黄波浪。……

这种朴素的写景诗乃是诗体解放后最足使人乐观的一种现象。

以上举的几个例,都可以表示诗体解放后,诗的内容之进步。我们若用历史进化的眼光来看中国诗的变迁,方可看出自《三百篇》到现在,诗的进化没有一回不是跟着诗体的进化来的。《三百篇》中虽然也有几篇组织很好的诗,如"氓之蚩蚩"、"七月流火"之类;又有几篇很妙的长短句,如"坎坎发檀兮"、"园有桃"之类;但是《三百篇》究竟还不曾完全脱去"风谣体"(ballad)的简单组织,直到南方的骚赋文学发生,方才有伟大的长篇韵文。这是一次解放。但是骚赋体用兮些等字煞尾,停顿太多又太长,太不自然了。故汉以后的五七言古诗删除没有意思的煞尾字,变成贯串篇章,便更自然了。若不经过这一变,决不能产生《焦仲卿妻》、《木兰辞》一类的诗。这是二次解放。五七言成为正宗诗体以后,最大的解放莫如从诗变为词。五七言诗是不合语言之自然的,因为我们说话决不能句句是五字或七字。诗变为词,只是从整齐句法变为比较自然的参差句法。唐五代的小词虽然格调很严格,已比五七言诗自然得多了。如李后主的"剪不断,理还乱,是离愁,别有一般滋味在心头。"这已不是诗体所能做得到的了。

试看晁补之的《蓦山溪》:

>……愁来不醉,不醉奈愁何?

> 汝南周，东阳沈，
> 劝我如何醉？

这种曲折的神气，决不是五七言诗能写得出的。

又如辛稼轩的《水龙吟》：

> ……落日楼头，断鸿声里，江南游子，
> 把吴钩看了，阑干拍遍，无人会，登临意。

这种语气也决不是五七言的诗体能做得出的。这是三次解放。宋以后，词变为曲，曲又经过几多变化，根本上看来，只是逐渐删除词体里所剩下的许多束缚自由的限制，又加上词体所缺少的一些东西如衬字的套数之类。但是词曲无论如何解放，终究有一个根本的大拘束；词曲的发生是和音乐合并的，后来虽有可歌的词，不必歌的曲，但是始终不能脱离"调子"而独立，始终不能完全打破词调曲谱的限制。直到近来的新诗发生，不但打破五言七言的诗体，并且推翻词调曲谱的种种束缚；不拘格律，不拘平仄，不拘长短，有什么题目，做什么诗；诗该怎样做，就怎样做。这是第四次的诗体大解放。这种解放，初看去似乎很激烈，其实只是《三百篇》以来的自然趋势。自然趋势逐渐实现，不用有意地鼓吹去促进它，那便是自然进化。自然趋势有时被人类的习惯性守旧性所阻碍，到了该实现的时候均不实现，必须用有意地鼓吹去促进它的实现，那便是革命了。一切文物制度的变化，都是如此的。

## 三

上文我说新体诗是中国诗自然趋势所必至的，不过加上了一种有意的鼓吹，使它于短时期内猝然实现，故表现上有诗界革命的神气。这种议论很可以从现有的新体诗里寻出许多证据。我所知道的"新诗人",除了会稽周氏弟兄之外,大都是从旧式诗、词、曲里脱胎出来的。沈尹默君初作的新诗是从古乐府化出来的。例如他的《人力车夫》(《新青年》四,一):

　　日光淡淡,白云悠悠,
　　风吹薄冰,河水不流。
　　出门去,雇人力车。
　　街上行人,往来很多;
　　车马纷纷,
　　不知干些什么。
　　人力车上人,个个穿棉衣,个个袖手坐,
　　还觉风吹来,身上冷不过。
　　车夫单衣已破,他却汗珠儿颗颗往下堕。

稍读古诗的人都能看这首诗是得力于《孤儿行》一类的古乐府的。我自己的新诗,词调很多,这是不用讳饰的。例如前年做的《鸽子》(《尝试集》二,二七):

　　云淡天高,好一片晚秋天气!
　　有一群鸽子,在空中游戏。
　　看他们三三两两,
　　回环来往,
　　夷犹如意,——
　　忽地里,翻身映日,白羽衬青天,十分鲜丽!

就是今年做诗,也还有带着词调的。

　　例如《送任叔永回四川》的第二段(《尝试集》二,五一):

　　你还记得,我们暂别又相逢,正是赫贞春好?
　　记得江楼同远眺,云影渡江来,惊起江头鸥鸟?
　　记得江边石上,同坐看潮回,浪声遮断人笑?
　　记得那回同访友,日暗风横,林里陪他听松啸?

懂得词的人，一定可以看出这四长句用的是四种词调里的句法，这首诗的第三段便不同了：

  这回久别再相逢，便又送你归去，未免太匆匆！
  多亏得天意多留你两日，使我做得诗成相送。
  万一这首诗赶得上远行人，
  多替我说声"老任珍重珍重！"

这一段便是纯粹新体诗。此外新潮社的几个新诗人，——傅斯年、俞平伯、康白情——也都是从词曲里变化出来的，故他们初做的新诗都带着词或曲的意味音节。此外各报所载的新诗，也很多带头词调的。例太多了，我不能遍举，且引最近一期的《少年中国》（第二期）里周无君的《过印度洋》：

  圆天盖着大海，黑水托着孤舟。
  也看不见山，那天边只有云头。
  也看不见树，那水上只有海鸥。
  哪里是非洲？哪里是欧洲？
  我美丽亲爱的故乡却在脑后！
  怕回头，怕回头，
  一阵大风，雪浪上船头，
  飕飕，吹散一天云雾一天愁。

这首诗很可表示这一半词一半曲的过渡时代了。

## 四

  我现在且谈新体诗的音节。

  现在攻击新诗的人，多说新诗没有音节，不幸有一些做新诗的人也以为新诗可以不注意音节。这都是错的。攻击新诗的人，他们不懂得"音节"是什么，以为句脚有韵，句里有"平平仄仄"、

"仄仄平平"的调子，就是有音节了。中国字的收声不是韵母（所谓阴声），便是鼻音（所谓阳声），除了广州入声之外，从没有用他种声母收声的。因此，中国的韵最宽。句尾用韵真是极容易的事，所以古人有"押韵便是"的挖苦话。押韵乃是音节上最不重要的一件事。至于句中的平仄，也不重要。古诗"相去日已远，衣带日已缓。浮云蔽白日，游子不顾返"，音节何等响亮？但是用平仄写出来便不能读了。

    平仄仄仄仄，平仄仄仄仄。
    平平仄仄仄，平仄仄仄仄。

又如陆放翁：

  我生不逢柏梁建章之宫殿，安得峨冠侍游宴？

  头上十一个字是"仄平仄平仄平仄平平平仄"，读起来何以觉得音节很好呢？这是因为一来这一句的自然语气是一气贯注下来的；二来呢，因为这十一个字里面，逢宫叠韵，梁章叠韵。不柏双声，建宫双声，故更觉得音节和谐了。

  诗的音节全靠两个重要分子：一是语气的自然节奏，二是每句内部所用字的自然和谐。至于句末的韵脚，句中的平仄，都是不重要的事。语气自然，用字和谐，就是句末无韵也不要紧。例如上文引晁补之的词"愁来不醉，不醉奈愁何？汝南周，东阳沈，劝我如何醉。"这二十个字，语气又曲折，又贯串，故虽隔开五个"小顿"方才用韵，读的人毫不觉得。

  新体诗中也有用旧体诗词的音节方法来做的，最有功效的例是沈尹默君的《三弦》（《新青年》五，二）：

  中午时候，火一样的太阳，没法去遮拦，让他直晒长街上。静悄悄少人行路；只有悠悠风来，吹动路旁杨树。

  谁家破大门里，半院子绿茸茸细草，都浮着闪闪的金光。旁边有一段低低的土墙，挡住了个弹三弦的人，却不能隔断那三弦鼓荡的声浪。

门外坐着一个穿破衣裳的老年人,双手抱着头,他不声不响。

这首诗从见解意境上和音节上看来,都可算是新诗中一首最完全的诗。看他第二段"旁边"以下一长句中,旁边是双声;"有一"是双声;段、低、低、的、土、挡、弹、的、断、荡、的,十一个都是双声。这十一个字都是"端透定"(D,T)的字,模写三弦的声响,又把"挡"、"弹"、"断"、"荡"四个阳声的字和七个阴声的双声字(段、低、低、的、土、和、的)参错夹用,更显出三弦的抑扬顿挫。苏东坡把韩退之《听琴诗》改为送弹琵琶的词,开端是"呢呢儿女语,灯火夜微明,恩冤尔汝来去,弹指泪和声。"他头上运用五个极短促的阴声字,接着用一个阳声的"灯"字,下面"恩冤尔汝"之后,及用一个阳声的"弹"字,也是用同样的方法。

吾自己也常用双声叠韵的法子来帮助音节的和谐。例如《一颗星儿》一首(《尝试集》二,五八):

　　我喜欢你这颗顶大的星儿,
　　可惜我叫不出你的名字。
　　平日月明时,
　　月光遮尽了满天星,总不能遮住你。
　　今天风雨后,闷沉沉的天气,
　　我望遍天边,寻不见一点半点光明。
　　回转头来,
　　只有你在那杨柳高头依旧亮晶晶地。

这首诗"气"字一韵以后,隔开三十三个字方才有韵,读的时候全靠"遍、天、边、见、点、半、点"一组叠韵字(遍、边、半、明,又是双声字)和"有、柳、头、旧"一组叠韵字夹在中间,故不觉得"气"、"地"两韵隔开那么远。

这种音节方法，是旧诗音节的精彩，（参看清代周春的《杜诗双声叠韵谱》）能够容纳在新诗里，固然也是好事。但是这是新旧过渡时代的一种有趣味的研究，并不是新诗音节的全部。新诗大多数的趋势，依我们看来，是朝着一个公共方向走的。那个方向便是"自然的音节"。

　　自然的音节是不容易解说明白的。我且分两层说：

　　第一，先说"节"——就是诗句里面的顿挫段落。旧体的五七言诗两个字为一"节"的。随便举例如下：

　　风绽——雨肥——梅（两节半）

　　江间——波浪——兼天——涌（三节半）

　　王郎——酒酣——拔剑——斫地——歌——莫哀（五节半）

　　我生——不逢——柏梁——建章——之——宫殿（五节半）

　　又——不得——身在——荥阳——京索——间（四节外两个破节）

　　终——不似——一朵——钗头——颤袅——向人——欹侧（六节半）

新体诗句子的长短，是无定的；就是句里的节奏也是依着意义的自然区分与文法的自然区分来分析的。白话里的多音字比文言多得多，并且不止两个字的联合，故往往有三个字为一节，或四五个字为一节的。例如：

　　万一——这首诗——赶得上——远行人。

　　门外——坐着——一个——穿破衣裳的——老年人。

　　双手——抱着头——他——不声——不响。

　　旁边——有一段——低低的——土墙——挡住了个——弹三弦的人。

　　这一天——他——眼泪汪汪地——望着我——说道——你如何——还想着我？想着我？——你又如何——能对他？

第二，再说"音"——就是诗的声调。新诗的声调有两个要件：一是平仄要自然，二是用韵要自然。白话里的平仄，与诗韵里的平仄有许多大不相同的地方。同一个字，单独用来是仄声，若同别的字连用，成为别的字的一部分，就成了很轻的平声了。例如"的"字，"了"字，都是仄声字，在"扫雪的人"和"扫净了东边"里，便不成仄声了。我们简直可以说，白话诗里只有轻重高下，没有严格的平仄。例如周作人君的《两个扫雪的人》(《新青年》六，三) 的两行：

祝福你扫雪的人！

我从清早起，在雪地里行走，不得不谢谢你。

"祝福你扫雪的人"上六个字都是仄声，但是读起来自然有个轻重高下，"不得不谢谢你"六个字又都是仄声，但是读起来也有个轻重高下。又如同一首诗里的"一面尽扫，一面尽下"八个字都是仄声，但读起来不但不拗口，并且有一种自然的音调。白话诗的声调不在平的调剂得宜，全靠这种自然的轻重高下。

至于用韵一层，新诗有三种自由：第一，用现代的韵，不拘古韵，更不拘平仄韵。第二，平仄可以互相押韵，这是词曲通用的例，不单是新诗如此。第三，有韵固然好，没有韵也不妨。新诗的声调既在骨子里，——在自然的轻重高下，在语气的自然区分——故有无韵脚都不成问题。例如周作人君的《小河》虽然无韵，但是读起来自然有很好的声调，不觉得是一首无韵诗。我且举一段如下：

……小河的水是我的好朋友，

他曾经稳稳地流过我面前，

我对它点头，它对我微笑，

我愿它能够放出了石堰，

仍然稳稳地流着，

>  向我们微笑……

又周君的《两个扫雪的人》中一段：

> ……一面尽扫，一面尽下：
> 扫净了东边，又下满了西边；
> 扫开了高地，又填平了洼地。

这是用内部词句的组织来帮助音节，故读时不觉得是无韵诗。内部的组织，——层次、条理、排比、章法、句法，——乃是音节的最重要方法。我的朋友任叔永说，"自然二字也要点研究"，研究并不是叫我们去讲究那些"蜂腰"、"鹤膝"、"合掌"等等玩意儿，乃是要我们研究内部的词句应该如何组织安排，方才可以发生和谐的自然音节。我且举康白情君的《送客黄浦》一章（《草儿在前集》一，一二）作例：

> 送客黄浦，
> 我们都攀着缆，——风吹着我们的衣裳——
> 站在没遮拦的船楼上。
> 看看凉月丽空，
> 才显出淡汝的世界。
> 我想世界上只有光。
> 只有花，
> 只有爱！
> 我们都谈着，——
> 谈到日本二十年来的戏剧，
> 也谈到"日本的光，的花，的爱"的须磨子。
> 我们都相互地看着，
> 只有寿昌有所思，
> 他不曾看着我，
> 他不曾看着别的那一个。

这中间充满了别意,
但我们只是初次相见。

## 五

我这篇随便的诗谈做得太长了,我且略谈"新诗的方法"作一个总结的收场。

有许多人曾问我做新诗的方法,我说,做新诗的方法根本上就是做一切诗的方法;新诗除了"新体的解放"一项之外,别无他种特别的做法。

这话说得太笼统了,听的人自然又问,那么做一切诗的方法究竟是怎样呢?

我说,诗须要用具体的做法,不可用抽象的说法。凡是好诗,都是具体的;越偏向具体的,越有诗意诗味。凡是好诗,都能使我们脑子里发生一种——或许多种——明显逼人的影像。这便是诗的具体性。

李义山诗"历览前贤国与家,成由勤俭败由奢",这不成诗。为什么呢?因为他用的是几个抽象的名词,不能引起什么明了浓丽的影像。

"绿垂红折,风绽雨肥梅"是诗,"芹泥垂燕嘴,蕊粉上蜂须"是诗,"四更山吐月,残夜水明楼"是诗。为什么呢?因为它们都能引起鲜明扑人的影像。

"五月榴花照眼明"是何等具体的写法!

"鸡声茅店月,人迹板桥霜"是何等具体的写法!

"枯藤老树昏鸦,小桥流水人家,古道西风瘦马,夕阳西下,断肠人在天涯!"这首小曲里有十个影像连成一串,并作一片萧瑟的空气,这是何等的写法!

以上举的例都是眼睛里起的影像，还有引起听官里的明了感觉的。例如上文引的"呢呢儿女语，灯火夜微明，恩冤尔汝来去，弹指泪和声"，是何等具体的写法！

还有能引起读者浑身的感觉的。例如姜白石词，"暝入西山，渐唤我一叶夷犹乘兴。"这里面"一叶夷犹"四个合口的双声字，读的时候使人们觉得身在小舟里，在镜平的湖水上荡来荡去。这是何等具体的写法！

再进一步说，凡是抽象的材料，格外应该用具体的写法，看《诗经》的《伐檀》：

> 坎坎伐檀兮，置之河之干兮，
> 河水清且涟漪，——
> 不稼不穑，胡取禾三百廛兮！
> 不狩不猎，胡瞻尔庭有县貆兮！

社会不平等是一个抽象的题目，你看他却用如此具体的写法。

又如杜甫的《石壕吏》，写一天晚上一个远行客人在一个人家寄宿，偷听得一个捉差的公人同一个老太婆的谈话。寥寥一百二十个字，把那个时代的征兵制度，战祸，民生痛苦，种种抽象的材料，都一齐描写出来了。这是何等具体的写法！

再看白乐天的《新乐府》，那几篇好的——如《折臂翁》、《卖炭翁》、《上阳宫人》，——都是具体的写法。那几篇抽象的议论！如《七德舞》、《司天台》、《采诗官》，——便不成诗了。

旧诗如此，新诗也如此。

现在报上登的许多新体诗，很多不满人意的。我仔细研究起来，那些不满人意的诗，犯的都是一个大毛病，——抽象的题目用抽象的写法。

那些我不认得的诗人做的诗，我不便乱批评。我且举一个朋友的诗做例。傅斯年君在《新潮》四号里做了一篇散文，叫做《一段疯话》，结尾两行说道：

我们最当敬重的是疯子，最当亲爱的是孩子。疯子是我们的老师，孩子是我们的朋友。我们带着孩子，跟着疯子走，走向光明去。

有一个人在北京《晨报》里投稿，说傅君最后的十六个字是诗不是文。后来《新潮》五号里傅君有一首《前倨后恭》的诗，——一首很长的诗。我看了说，这是文，不是诗。

何以前面的文是诗，后面的诗反是文呢？因为前面那十六个字是具体的写法，后面的长诗是抽象的题目用抽象的写法。我且抄那诗中的一段，就可明白了：

倨也不由他，恭也不由他！
你还赧他。
向你倨，你也不削一块肉；向你恭，你也不长一块肉。
况且终竟他要向你变的，理他呢！

这种抽象的议论是不会成为好诗的。

再举一个例。《新青年》六卷四号里面沈尹默君的两首诗，一首是《赤裸裸》：

人到世间来，本来是赤裸裸，
本来没污浊，却被衣服重重地裹着，这是为什么？
难道清白的身不好见人吗？那污浊的，裹着衣服，就算免了耻辱吗？

他本想用具体的比喻来攻击那些作伪的礼教，不料结果还是一篇抽象的议论，故不成为好诗。还有一首《生机》：

刮了两日风，又下几阵雪。
山桃虽是开着，却冻坏了夹竹桃的叶
地上的嫩红芽，更僵了发不出。
人人说天气这般冷，

> 草木的生机恐怕都被摧折；
> 谁知道那路旁的细柳条，
> 他们暗地里却一齐换了颜色！

这种乐观，是一个很抽象的题目，他却用最具体的写法，故是一首好诗。

我们徽州俗话说人自己称赞自己的是"戏台里喝彩"。我这篇谈新诗里常引我自己的诗作例，也不知犯了多少次"戏台里喝彩"的毛病。现在且再犯一次，举我的《老鸦》做一个"抽象的题目用具体的写法"的例罢：

> 我大清早起，
> 站在人家屋角上哑哑地啼。
> 人家讨嫌我，
> 说我不吉利：
> 我不能呢呢喃喃讨人家的欢喜！

# 《水浒传》是四百年梁山泊故事的结晶

一

我的朋友汪原放用新式标点符号把《水浒传》重新点读一遍，由上海亚东图书馆排印出版。这是用新标点来翻印旧书的第一次。我可预料汪君这部书将来一定要成为新式标点符号的实用教本，他在教育上的效能一定比教育部颁行的新式标点符号原案还要大得多。汪君对于这书校读的细心，费的功夫之多，这都是我深知道并且深佩服的；我想这都是读者容易看得出的，不用我细说了。

这部书有一层大长处，就是把金圣叹的评和序都删去了。

金圣叹是十七世纪的一个大怪杰，他能在那个时代大胆宣言，说《水浒》与《史记》、《国策》有同等的文学价值，说施耐庵、董解元与庄周、屈原、司马迁、杜甫在文学史上占同等的位置，说"天下之文章无有出《水浒》右者，天下之格物君子无有出施耐庵先生右者！"这是何等眼光！何等胆气！又如他的序里的一段："夫古人之才，世不相沿，人不相及：庄周有庄周之才，屈平有屈平之才，降而至于施耐庵有施耐庵之才，董解元有董解元之才。"这种文学眼光，在古人中很不可多得。又如他对他的儿子说"汝今年始十岁，便以此书（《水浒》）相授者，非过有所宠爱，或者教汝之道当如是也。……人生十岁，耳目渐吐，如日在东，光明发挥。如此书，吾即欲禁汝不见，亦岂可得？今如不可相禁，而反出其旧所释脱然授之汝手。"这种见解，在今日还要吓倒许多老先生与少先生，何况三百年前呢？

但是金圣叹究竟是明末的人。那时代是"选家"最风行的时代；我们读吕用晦的文集，还可想见当时的时文大选家在文人界占的地位（参看《儒林外史》）。金圣叹用了当时"选家"评文的眼光来逐句批评《水浒》，遂把一部《水浒》凌迟碎砍，成了一部"十七世纪眉批夹注的白话文范"！例如圣叹最得意的批评是指出景阳冈一段连写十八次"哨棒"，紫石街一段连写十四次"帘子"和十八次"笑"。圣叹说这是"草蛇灰线法"！这种机械的文评正是八股家的流毒，读了不但没有益处，并且养成一种八股式的文学观念，是很有害的。

这部新本《水浒》的好处就在把方法的结构与章法的分段来代替那八股选家的机械的批评。即如第五回瓦宫寺一段：

智深走到面前，那和尚吃了一惊。

金圣叹批道："写突如其来，只用二笔，两边声势都有。"

跳起身来便道请师兄坐同吃一盏智深提着禅杖道你这两个如何把寺来废了那和尚便道师兄请坐听小僧。

圣叹批道："其语未毕。"

智深睁着眼睛道："你说，你说。"

圣叹批道："四字气忿如见。"

说在先敝寺……

圣叹批道："说字与上'听小僧'本是接着成句，智深气忿忿在一边夹着'你说你说'耳。章法奇绝，从古未有。"

现在用新标点符号写出来便成：

智深走到面前，那和尚吃了一惊，跳起身来便道："请师兄坐，同吃一盏。"智深提着禅杖道："你这两个如何把寺废了！"

那和尚便道："师兄请坐，听小僧——"智深睁着眼道："你说！你说！""——说：在先敝寺……"

这样点读，便成一片整段的文章，我们不用加什么恭维施耐庵的评语，读者自然懂得一切忿怒的声口和插入的气话；自然觉得这是很能摹神的叙事；并且觉得这是叙事应有的句法，并不是施耐庵有意要作"章法奇绝，从古未有"的文章。

金圣叹的《水浒》评，不但有八股选家气，还有理学先生气。

金圣叹在明朝末年，正当"清议"与"威权"争胜的时代，东南士气正盛，虽受了许多摧残，终不曾到降服的地步。圣叹后来为了主持清议以至于杀身，他自然是一个赞成清议派的人。故他序《水浒》第一回道：

一部大书七十回将写一百八人……而先写高俅者，盖不写高俅便写一百八人，则是乱自下生也。不写一百八人先写高俅，则是乱自上作也。……高俅来而王进去矣。王进者，何人也？不坠父业，善养母志，盖孝子也。……横求之四海，竖求之百年，而不得。不一得之而忽然有之，则当尊之，荣之，长跽事之，——必欲骂之，打之，至于杀之，因逼去之，是何为也？王进去而一百八人来矣。则是高俅来而一百八人来矣。

王进去后，更有史进。史者，史也。……记一百八人之事，而亦居然谓之史也，何居？从来庶人之仪皆史也。庶人则何敢议也？庶人不敢议也。庶人不敢议而又议，何也？天下有道，然后庶人不议也。今则庶人议矣。何用知天下无道？曰，王进去而高俅来矣。

这一段大概不能算是穿凿附会。《水浒传》的著者著书自然有点用意，正如楔子一回中说的"且住！若真个太平无事，今日开书演义，又说著些甚么？"他开篇先写一个人人厌恶不肯收留的高俅，从高俅写到王进，再写到史进，再写到一百八人，他著书的意思自然很明白。金圣叹说他要写"乱自上生",大概是很不错的。圣叹说"从来庶人之议皆史也",这一句话很可代表明末清议的精神。黄梨洲的《明夷待访录》说:

> 东汉太学三万人,危言深论,不隐豪强,公卿避其贬议。宋诸生伏阙捶鼓,请起李纲。三代遗风惟此犹为相近。使当日之在朝廷者,以其所非是为非是,将见盗贼奸邪慑心于正气霜雪之下,君安而国可保也。

这种精神是十七世纪的一种特色,黄梨洲与金圣叹都是这种清议运动的代表,故都有这种议论。

但是金圣叹《水浒》评的大毛病也正在这个"史"字上。中国人心里的"史"总脱不了《春秋》笔法"寓褒贬,别善恶"的流毒。金圣叹把《春秋》的"微言大义"用到《水浒》上去,故有许多极迂腐的议论。他以为《水浒传》对于宋江,处处用《春秋》笔法责备他。如第二十一回,宋江杀了阎婆惜之后,逃难出门,临行时"拜辞了父亲,只见宋太公洒泪不已,又分付道,你两个前程万里,休得烦恼。"这本是随便写父子离别,并无深意。金圣叹却说:

> 无人处却写太公洒泪;有人处便写宋江大哭;冷眼看破,冷笔写成。普天下读书人慎勿谓《水浒》无皮里阳秋也。

接着写宋江兄弟"分付大小庄客,早晚殷勤服侍太公;休教饮食有缺。"这也是无深意的叙述,圣叹偏要说:

> 人亦有言,"养儿防老"。写宋江分付庄客服侍太公,亦皮里阳秋之笔也。

这种穿凿的议论实在是文学的障碍。《水浒传》写宋江,并没有责备的意思。看他在三十五回写宋江冒险回家奔丧,在四十一回写宋江再冒险回家搬取老父,何必又在这里用曲笔写宋江的不孝呢?

又如五十三回写宋江破高唐州后,"先传下将令,休得伤害百姓,一面出榜安民,秋毫无犯"。这是照例的刻板文章,有何深意?圣叹偏要说:

> 如此言,所谓仁义之师也。今强盗而忽用仁义之师,是强盗之权术也。强盗之权术而又书之者,所以深叹当时之官军反不能然也。彼三家村学究不知作史笔法,而遽因此等语过许强盗真有仁义,不亦怪哉?

这种无中生有的主观见解,真正冤枉煞古人!圣叹常骂三家村学究不懂得"作史笔法",却不知圣叹正为懂得作史笔法太多了,所以他的迂腐比三家村学究的更可厌!

这部新本的《水浒》把圣叹的总评和夹评一齐删去,使读书的人直接去看《水浒传》,不必去看金圣叹脑子里悬想出来的《水浒》的"作史笔法";使读书的人自己去研究《水浒》的文学,不必去管十七世纪八股选家的什么"背面铺粉法"和什么"横云断山法"!

## 二

我既不赞成金圣叹的《水浒》评,我既主张让读书的人自己直接去研究《水浒传》的文学,我现在又拿什么话来做《水浒传》的新序呢?

我最恨中国史家说的什么"作史笔法",但我却有点"历史癖";我又最恨人家咬文嚼字的译文,但我却又有点"考据癖"!因为我不幸有点历史癖,故我无论研究什么东西,总喜欢研究它的历史。因为我又不幸有点考据癖,故我常常爱做一点半新不旧的考据。现在我有了这个机会替《水浒传》做一篇新序,我的两种老毛病——历史癖与考据癖——不知不觉地又发作了。

我想《水浒传》是一部奇书，在中国文学史占的地位比《左传》、《史记》还要重大得多；这部书很当得起一个阎若璩来替他做一番考证的功夫，很当得起一个王念孙来替他做一番训诂的工夫。我虽然够不上做这种大事业——只好让将来的学者去做——但我也想努一努力，替将来的"《水浒传》专门家"开辟一个新方向，打开一条新道路。

简单一句话，我想替《水浒传》做一点历史的考据。

《水浒传》不是青天白日里从半空中掉下来的，《水浒传》乃是从南宋初年（西历十二世纪初年）到明朝中叶（十五世纪末年）这四百年的"梁山泊故事"的结晶。——我先说这句武断的话丢在这里，以下的两万字便是这一句话的说明和引证。

我且先说元朝以前的《水浒》故事。

《宋史》二十二，徽宗宣和三年（西历1121年）的本纪说：

淮南盗宋江等犯淮阳军，遣将讨捕，又犯京东、江北，入楚海州界。命知州张叔夜招降之。

又《宋史》三百五十一：

宋江寇京东，侯蒙上书言："江以三十六人横行齐魏，官军数万无敢抗者，其才必过人。今清溪盗起，不若赦江，使讨方腊以自赎。"

又《宋史》三百五十三：

宋江起河朔，转略十郡，官军莫敢撄其锋。声言将至[海州]，张叔夜使间者觇所向，贼径趋海濒，劫钜舟十余，载卤获。于是募死士，得千人，设伏近城，而出轻兵距海诱之战，先匿壮卒海旁，伺兵合，举火焚其舟。贼闻之，皆无斗志。伏兵乘之，擒其副贼。江乃降。

这三条史料可以证明，宋江等三十六人都是历史的人物，是北宋末年的大盗。"以三十六人横行齐魏，官军数万无敢抗者"——

看这些话可见宋江等在当时的威名。这种威名传播远近，留传在民间，越传越神奇，遂成一种"梁山泊神话"。我们看宋末遗民龚圣与作《宋江三十六人赞》的自序说：

> 宋江事见于街谈巷语，不足采著。虽有高如、李嵩辈传写，士大夫亦不见黜，余年少时壮其人，欲存之画赞，以未见信书载事实，不敢轻为。及异时见《东郡事略》载侍郎侯蒙传，有书一篇，陈制贼之计云："宋江以三十六人横行河朔、京东，官军数万无敢抗者，其才必有过人。不若赦过招降，使讨方腊，以此自赎，或可平东南之乱。"余然后知江辈真有过闻于时者……（周密《癸辛杂识续集》上）

我们看这段话，可见（1）南宋民间有一种"宋江故事"流行于"街谈巷语"之中；（2）宋元之际已有高如、李嵩一班文人"传写"这种故事，使"士大夫亦不见黜"；（3）那种故事一定是一种"英雄传奇"，故龚圣与"少年时壮其人，欲存之画赞"。

这种故事的发生与流传久远，决非无因。大概有几种原因：（1）宋江等确有可能流传民间的事迹与威名；（2）南宋偏安，中原失陷在异族手里，故当时人有想往英雄的心理；（3）南宋政治腐败，奸臣暴政使百姓怨恨，北方在异族统治之下受的痛苦更深，故南北民间都养成一种痛恨恶政治恶官吏的心理，由这种心理上生出崇拜草泽英雄的心理。

这种流传民间的"宋江故事"便是《水浒传》的远祖。我们看《宣和遗事》便可看见一部缩影的"《水浒》故事"。《宣和遗事》记梁山泊好汉的事，共分六段：

（1）杨志、李进义（后来作卢俊义）、林冲、王雄（后来作杨雄）、花荣、柴进、张青、徐宁、李应、穆横、关胜、孙立等十二押送"花石纲"的制使，结义为兄弟。后来杨志在颍州阻雪，缺少旅费，将一口宝刀出卖，遇着一个恶少，口角厮争。杨志杀了那人，判决配卫州军城。路上被李进义、林冲等十一人救出去，同上太行山落草。

（2）北京留守梁师宝差县尉马安国押送十万贯的金珠珍宝上京，为蔡太师上寿，路上被晁盖、吴加亮、刘唐、秦明、阮进、阮通、阮小七、燕青等八人用麻药醉倒，抢去生日礼物。

（3）"生辰纲"的案子，因酒桶上有"酒海花家"的字样，追究到晁盖等八人。幸得郓城县押司宋江报信与晁盖等，使他们连夜逃走。这八人连结了杨志等十二人，同上梁山泊落草为寇。

（4）晁盖感激宋江的恩义，使刘唐带金钗去酬谢他。宋江把金钗交给娼妓阎婆惜收了，不料被阎婆惜得知来历，那妇人本与吴伟往来，现在更不避宋江。宋江怒起，杀了他们，题反诗在壁上，出门跑了。

（5）官兵来捉宋江，宋江躲在九天玄女庙里。官兵退后，香案上一声响亮，忽有一本天书，上写着三十六人姓名。这三十六人，除上文已见二十人之外，有杜千、张岑、索超、董平都已先上梁山泊了；宋江又带了朱仝、雷横、李逵、戴宗、李海等人上山。那时晁盖已死，吴加亮与李进义为首领。宋江带了天书上山，吴加亮等遂共推宋江为首领。此外还有公孙胜、张顺、武松、呼延绰、鲁智深、史进、石秀等人，共成三十六员。（宋江为帅，不在天书内。）

（6）宋江等即满三十六人之数，"朝廷无其奈何"，只出得榜招安。后有张叔夜"招诱宋江和那三十六人归顺宋朝，各受武功大封信诰敕，分注诸路巡检使去也。因此三路之寇悉得平定，后遣宋江收方腊有功，封节度使"。

《宣和遗事》一书，近人因书里的"悙"字缺笔作"悙"字；故定为宋时的刻本。这种考据法用在那"俗文伪字弥望皆是"的民间刻本上去，自然不很适用，不能算是充分的证据。但书中记宋徽宗、钦宗二帝被虏后的事，记载得非常详细，显然是种族之痛最深时的产物。书中采用的材料大都是南宋人的笔记和小说，采的诗也没有刘后村以后的诗。故我们可以断定《宣和遗事》记的梁山泊三十六人的故事一定是南宋时代民间通行的小说。

周密（宋夫人，元武帝时还在）的《癸辛杂识》载有龚圣与的《三十六人赞》。三十六人的姓名大致与《宣和遗事》相同，只有吴加亮改作吴用，李进义改作卢俊义，阮进改为阮小二，李海改为李俊，王雄改为杨雄：这都与《水浒传》更接近了。此外周密记的，少了公孙胜、林冲、张岑、杜千四人，换上宋江、解珍、解宝、张横四人（《宣和遗事》有张横，又写作李横，但不在天书三十六人之数），也更与《水浒》接近了。

龚圣与的《三十六人赞》里全无事实，只在那些"绰号"的字面上做文章，故没有考据材料的价值。但他那篇自序却极有价值。序的上半——引见上文——可以证明宋元之际有李嵩、高如等人"传写"梁山泊故事，可见当时除《宣和遗事》之外一定还有许多更详细的水浒故事。序的下半很称赞宋江，说他"识性超卓，有过人者"；又说：

盗跖与江，与之"盗"名而不辞，躬履"盗"迹而不讳者也。岂若世之乱臣贼子畏影而自走，所为近在一身而其祸未尝不流四海？

这明明是说"奸人政客不如强盗"了！再看他那些赞的口气，都有希望草泽英雄出来重扶宋室的意思。如九文龙史进赞："龙数肖九，汝有九文，盍从东皇，驾五色云！"如小李广花荣赞："中心慕汉，夺马而归；汝能慕广，何忧数奇？"这都是当时宋遗民的故国之思的表现。又看周密的跋语：

此皆群盗之靡耳，圣与既名为之赞，又从而序论之，何哉？太史公序游侠而进奸雄，不免后世之讥。然其首著胜、广于列传，且为项羽作本纪，其意亦深矣。识者当能辨之。

这是老实希望当时的草泽英雄出来推翻异族政府的话。这便是元朝"《水浒》故事"所以非常发达的原因。后来长江南北各处的群雄起兵，不上二十年，遂把人类有历史以来最强横的民族的帝国打破，遂恢复汉族的中国。这里面虽有许多原因，但我们读了龚圣与、周密的议论，可以知道水浒故事的发达与传播也许是汉族光复的一处重要原因哩。

## 三

元朝水浒故事非常发达，这是万无可疑的事。元曲里的许多水浒戏便是铁证。但我们细细研究元曲里的水浒戏，又可以断定元朝的水浒故事决不是现在的《水浒传》；又可以断定那时代决不能产生现在的《水浒传》。

元朝戏曲里演述梁山泊好汉的故事的，也不知有多少种。……

但我们从这些戏名里，也就可以推知许多事实出来；第一，元人戏剧里的李逵（黑旋风）一定不是《水浒传》里的李逵。细看这个李逵，他居然能"乔教学"，能"乔断案"，能"穷风月"，能玩"诗酒丽春园"！这可见当时的李逵一定是一个很滑稽的脚色，略像萧士比亚戏剧里的佛斯大夫（Falstaff）——有时在战场上呕人，有时在脂粉队里使人笑死。至于"借尸还魂"，"敷演刘耍和"，"大闹牡丹园"，"老收心"等等事，更是《水浒传》的李逵所没有的了。第二，元曲里的燕青，也不是后来《水浒传》的燕青；"博鱼"和"射雁"，都不是《水浒传》的事实。（《水浒》有燕青射鹊一事，或是受了"射雁"的暗示的。）第三，《水浒》只有病关索杨雄并没有"病杨雄"的话，可见元曲的杨雄也和《水浒》的杨雄不同。

现在我们再看那五本保存的梁山泊戏，更可看出元曲的梁山泊好汉和《水浒传》的梁山泊好汉大不相同的地方了。……

我们研究这五本戏,可得两个大结论:

第一,元朝的梁山泊好汉戏都有一种很通行的"梁山泊故事"作共同的底本,……

……这时代的"梁山泊故事"有可以推知的几点:(1)宋江的历史,小节细目互有详略的不同,但大纲已渐渐固定,成为人人皆知的故事。(2)《宣和遗事》的三十六人,到元朝渐渐变成了"三十六大伙,七十二小伙",已加到百零八人了。(3)梁山泊的声势越传越张大,到元朝时便成了"纵横河港,一千条,四下方圆八百里"的《水浒》了。(4)最重要的一点是元朝的梁山泊强盗渐渐变成了"仁义"的英雄。元初龚圣与自序作赞的意思,有"将使一归于正,义勇不相戾,此诗人忠厚之心也"的话,那不过是希望的话。他称赞宋江等,只能说他们"名号既不僭侈,名称俨然,犹循故辙";这是说他们老老实实地做"盗贼",不敢称王称帝。龚圣与又说宋江等"与之盗名而不辞,躬履盗迹而不讳"。到了后来,梁山泊渐渐变成了"替天行道救生民"的忠义堂了!这一变化非同小可。把"替天行道救生民"的招牌送给梁山泊,这是水浒故事的一大变化,既可表示元朝民间的心理,又暗中规定了后来《水浒传》的性质。

这是元曲里共同的梁山泊背景。第二,元曲演梁山泊故事,虽有一个共同的背景,但这个共同之点只限于那粗枝大叶的梁山泊略史。此外,那些好汉的个人历史、性情、事业,当时还没有个固定的本子,故当时的戏曲家可以自由想象,自由描写。上条写的是"同",这条写的是"异"。我们看他们的"异"处,方才懂得当时文学家创造力。懂得当时文学家创造力的薄弱,方才可以了解《水浒传》著者的创造力的伟大无比。

……

气质

以上我们研究元曲里的水浒戏，可得四条结论：

（1）元朝是"水浒故事"发达的时代。这八九十年中，产生了无数"水浒故事"。

（2）元朝的"水浒故事"的中心部分——宋江上山的历史，山寨的组织和性质——大致都相同。

（3）除了那一部分之外，元朝的水浒故事还正在自由创造的时代：各位好汉的历史可以自由捏造，他们的性情品格的描写也极自由。

（4）元朝文人对于梁山泊好汉的见解很浅薄平庸，他们描写人物的本领很薄弱。

从这四条上，我们对可得两条总结论：

（1）元朝只有一个雏形的水浒故事和一些草创的水浒人物，但没有《水浒传》。

（2）元朝文学家的文学技术，程度很幼稚，决不能产生我们现有的《水浒传》。

## 四

以上是研究从南宋到元末的水浒故事。我们既然断定元朝还没有《水浒传》也做不出《水浒传》，那么，《水浒传》究竟是什么时代的什么人做的呢？

《水浒传》究竟是谁做的？这个问题至今无人能够下一个确定的答案。……

……

我对于"《水浒》是谁做的？"这个问题，颇曾虚心研究，虽不能说有了最满意的解决，但我却有点意见，比较的可算得这个问题的一个可用的答案。我的答案是：

（1）金圣叹没有假托古本的必要，他用的底本大概是一种七十回的本子。

（2）明朝有三种《水浒传》：第一种是一百回本，第二种是七十回本，第三回又是一百回本。

（3）第一种一百回本是原本，七十回本是改本。后来又有人用七十回本来删改百回本的原本，遂成一种新百回本。

（4）一百回本的原本是明初人做的，也许是罗贯中做的。罗贯中是元末明初的人，涵虚子记的元曲里有他的《龙虎风云会》杂剧。

（5）七十回本是明朝中叶的人重做的，也许是施耐庵做的。

（6）施耐庵不知是什么人，但决不是元朝人。也许是明朝文人的假名，并没有这个人。

……

我们既不能考出《水浒传》的著者究竟是谁，正不妨仍旧认"施耐庵"为七十回本《水浒传》的著者，——但我们须要记得，"施耐庵"是明朝中叶的一个文学大家的假名！

……

## 五

自从金圣叹把"施耐庵"的七十回本从《忠义水浒传》里重新分出来，到于今已近三百年了（圣叹自序在崇祯十四年）。这三百年中，七十回本居然成为《水浒传》的定本。平心而论，七十回本得享这点光荣，是很应该的。我们现在且替这七十回本做一个分析。

七十回本除"楔子"一回不计外，共分十大段：

第一段——第一至第十一回。这一大段只有杨志的历史（"做到殿司制使官，因道君皇帝盖万岁山，差一般十个制使去太湖边搬运花石纲赴京交纳。不料洒家……失陷了花石纲，不能回京。"）是根据于《宣和遗事》的，其余都是创造出来的。这一大段先写八十万禁军教头王进被高俅赶走了。王进即是《征四寇》里的王庆，不在百八人之数；施耐庵把他从下半部直提到第一回来，又改名王进，可见他的著书用意。王进之后，接写一个可爱的少年史进，始终不肯落草，但终不能不上少华山去；又写鲁达为了仗义救人，犯下死罪，被逼做和尚，再被逼做强盗；又写林冲被高俅父子陷害，逼上梁山。林冲在《宣和遗事》里是押送"花石纲"的十二个制使之一；但在龚圣与的三十六人赞里却没有他的名字，元曲里也不提起他，大概元朝的水浒故事不见得把他当作重要人物。《水浒传》却极力描写林冲，风雪山神庙一段更是能感动人的好文章。林冲之后接写杨志。杨志在穷困之中不肯落草，后来受官府冤屈，穷得出卖宝刀，以致犯罪受杖，迭配大名府。（卖刀也是《宣和遗事》中有的，但在颍州，《水浒传》改在京城，是有意的。）这一段连写五个不肯做强盗的好汉，他的命意自然是要把英雄落草的罪名归到贪官污吏身上去。故这一段可算是《水浒传》的"开宗明义"的部分。

  第二段——第十二至第二十一回。这一大段写"生辰纲"的始末，是《水浒传》全局的一大关键。《宣和遗事》也记有五花营堤上劫取生辰纲的事，也说是宋江报信，使晁盖等逃走；也说到刘唐送礼谢宋江，以致宋江杀阎婆惜。《水浒传》用这个旧轮廓，加上无数琐细节目，写得格外有趣味。这一段从雷横捉刘唐起，写七星聚义，写智取生辰纲，写杨志，鲁智深落草，写宋江私放晁盖，写林冲火并梁山泊，写刘唐送礼酬谢宋江，写宋江怒杀阎婆惜，直写到宋江投奔柴进避难，与武松结拜做兄弟。《水浒》里的中心人物——须知卢俊义、呼延灼、关胜等不是《水浒》的中心人物——都在这里了。

第三段——第二十二回到第三十一回。这一大段可说是武松的传。《涵虚子》与《录鬼薄》都记有红字李二的《武松打虎》一本戏曲。红字李二是教坊刘耍和的女婿，刘耍和已被高文秀编入曲里，而《录鬼薄》说高文秀早死，可见红字李二的武松戏一定远在《录鬼薄》成书之前，——约在元朝的中叶。可见十四世纪初年已有一种武松打虎的故事。《水浒传》根据这种故事，加上新的 创造的想象力，从打虎写到杀嫂，从杀嫂写到孟州道打蒋门神，从蒋门神写到鸳鸯楼、蜈蚣岭，便成了《水浒传》中最精彩的一大部分。

第四段——第三十一回到第三十四回。这一小段是勉强插入的文章。《宣和遗事》有花荣和秦明等人，无法加入，故写清风山、清风寨、对影山等一段，把这一班人送上梁山泊去。

第五段——第三十五回到第四十一回。这一大段也是《水浒传》中很重要的文字，从宋江奔丧回家，迭配江州起，写江州遇戴宗、李逵，写浔阳江宋江题反诗，写梁山泊好汉大闹江州，直写到宋江入伙后又偷回家中，遇着官兵追赶，躲在玄女庙里，得受三卷天书。江州一大段完全是《水浒传》的著者创造出来的。《宣和遗事》没有宋江到江州配所的话，元曲也只说他迭配江州，路过梁山泊，被晁盖打救上山。《水浒传》造出江州一大段，不但写李逵的性情品格，并且把宋江的野心大志都写出来。若没有这一段，宋江便真成了一个"虚名"了。天书一事，《宣和遗事》里也有，但那里的天书除了三十六人的姓名，只有诗四句："破国因山木，兵刀用水工；一朝充将领，海内耸威风。"《水浒传》不写天书的内容，又把这四句诗改作京师的童谣："耗国因家木，刀兵点水工。纵横三十六，播乱在山东。"（见三十八回）这不但可见《宣和遗事》和《水浒》的关系，又可见后来文学的见解和手段的进化。

第六段——第四十二回到第四十五回。这一段写公孙胜下山取母亲，引起了李逵下山取母，又引起了戴宗下山寻公孙胜，路上引出杨雄、石秀的一段。《水浒传》到了大闹江州以后便没有什么很精彩的地方。这一段中写石秀的一节比较是要算很好的了。

第七段——第四十六回写到第四十九回。这一段写宋江三打祝家庄。在元曲里，三打祝家庄是晁盖的事。

第八段——第五十回到第五十三回。写雷横、朱仝、柴进三个人的事。

第九段——第五十四回到第五十九回。这一大段和第四段相像，也是插进去做一个结束的。《宣和遗事》有呼延灼、徐宁等人，《水浒传》前半部又把许多好汉分散在二龙山、少华山、桃花山等处了，故有这一大段，先写呼延灼征讨梁山泊，次请出一个徐宁，次写呼延灼兵败逃到青州，慕容知府请他收服桃花山、二龙山、白虎山；次写少华山与芒砀山；遂把这五山的好汉一齐送上梁山泊去。

第十段——第五十九回到第七十回。这一大段是七十回本《水浒传》的最后部分，先写晁盖打曾头市中箭身亡，次写卢俊义一段，次写关胜，次写破大名府，次写曾头市报仇，次写东平府收董平，东昌府收张清，最后写石碣天书作结。《宣和遗事》里，卢俊义是梁山泊上最初的第二名头领，《水浒传》前面不曾写他，把他留在最后，无法可以描写，故只好把擒史文恭的大功劳让给他。后来结起账来，一百零八人中还有董平和张清没有加入，这两人又都是《宣和遗事》里有名字的，故又加上东平、东昌两件事。算算还少一个，只好拉上一兽医皇甫端！这真是《水浒传》的"强弩之末"了！

这是《水浒传》的大规模。我们拿历史眼光来看这个大规模，可得两种感想。

第一，我们拿宋元时代那些幼稚的梁山泊故事，来比较这部《水浒传》，我们不能不佩服"施耐庵"的大匠精神与大匠本领；我们不能不承认这四百年中白话文学的进步很可惊异！元以前的，我们现在且不谈。当元人的杂剧盛行时，许多戏曲家从各方面搜集编曲的材料，于是有高文秀等人采用民间盛行的梁山泊故事，各人随自己的眼光才力，发挥水浒的一方面，或创造一种人物，如高文秀的黑旋风，如李文蔚的燕青之类；有时几个文人各自发挥一个好汉的一片面，如高文秀发挥李逵的一片面，杨显之、康进之、红字李二又各各发挥李逵的一片面。但这些都是一个故事的自然演化，又都是散漫的，片面的，没有计划的，没有组织的发展。后来这类的材料越积越多了，不能不有一种贯通综合的总编，于是元末明初有《水浒传》百回之作。但这个草创的《水浒传》原本，如上节所说，是很浅陋幼稚的。这种浅陋幼稚的证据，我们还可以在《征四寇》里寻出许多。然而这《水浒传》原本居然把三百年来的水浒故事贯通起来，用宋元以来的梁山泊故事做一个大纲，把民间和戏台上的"三十六大伙，七十二小伙"的种种故事做一些子目，造成一部草创的大小说，总算是难得的了。到了明朝中叶，"施耐庵"又用这个原百回本作底本，加上高超的新见解，加上四百年来逐渐成熟的文学技术，加上他自己的伟大创造力，把草创的山寨推翻，把那些僵硬无生气的水浒人物一齐毁去；于是重兴水浒，再造梁山，画出十来个永不会磨灭的英雄人物，造成一部永不磨灭的奇书。这部七十回的《水浒传》不但是集四百年水浒故事的大成，并且是中国白话文学完全成立的一个大纪元。这是我的第一个感想。

第二，施耐庵的《水浒传》是四百年文学进化的产儿。但《水浒传》的短处也就吃亏在这一点。倘使施耐庵当时能把那历史的梁山故事完全丢在脑背后，倘使他能忘了那"三十六大伙，七十二小伙"的故事，倘使他用全副精神来单写鲁智深、林冲、武松、宋江、李逵、石秀等七八个人，他这部书一定格外有精彩，一定格外有价值。可惜他终不能完全冲破那历史遗传的水浒轮廓，可惜他总舍不得那一百零八人，但是一个人的文学技能是有限的，决不能在一部书里创造一百零八个活人物。因此，他不能不东凑一段，西补一块，勉强把一百零八人"挤"上梁山去！闹江州以前，施耐庵确能放手创造，看他写武松一个人便占了全书七分之一，所以能有精彩。到了宋江上山以后，全书已去七分之四，还有那四百年传下来的"三打祝家庄"的故事没有写（明以前的水浒故事，都把三打祝家庄放在宋江上山之前），还有那故事相传坐第二把交椅的卢俊义，和关胜、呼延灼、徐宁、燕青等人没有写。于是施耐庵不能不潦草了，不能不杂凑了，不能不敷衍了。最明显的例是写卢俊义的一大段。这一段硬把一个坐在家里享福的卢俊义拉上山去，已是笨拙了；又写他信李固而疑燕青，听信了一个算命先生的妖言便去烧香解灾，竟成了一个糊涂汉了！还算得什么豪杰？至于吴用设的诡计，使卢俊义自己在壁上写下反诗，更是浅陋可笑。还有燕青在宋元的水浒故事里本是一个很重的人物，施耐庵在前六十回竟把他忘了，故不能不勉强把他捉来送给卢俊义做一个家人！此外如打大名府，宋江忽然生背疽，于是又拉出一个安道全来；又如全书完了，又拉出一个皇甫端来，这种杂凑的写法，实在幼稚得很。推求这种缺点的原因，我们不能不承认施耐庵吃亏在于不敢抛弃那四百年遗传下来的水浒旧轮廓。这是很可惜的事。后来《金瓶梅》只写几个人，便能始终贯彻，没有一种敷衍杂凑的弊病了。

我这两种感想是从文学的技术上着想的。至于见解和理想一方面，我本不愿多说话，因为我主张读者自己虚心去看《水浒传》，不必先怀着一些主观的成见。但我有一个根本观念，要想借《水浒传》作一个具体的例来说明，并想贡献给爱读《水浒传》的诸君，做我这篇长序的结论。

我承认金圣叹确是懂得《水浒》的第一大段，他评前十一回，都无大错。他在第一回批道：

> 为此书者胸中，吾不知其有何等冤苦，而必设言一百八人，而又远托之于水涯。……今一百八人而其人，殆不止于伯夷、太公居海避纣之志矣。

这个见解是不错的。但他在"读法"里又说：

> 大凡读书先要晓得作书之人是何等心胸。如《史记》须是太史公一肚皮宿怨发挥出来。……《水浒传》却不然。施耐庵本无一肚皮宿怨要发挥出来，只是饱暖无事，又值心闲，不免伸纸弄笔，寻个题目，写出自家许多锦心绣口。故其是非皆不谬于圣人。

这是很误人的见解。一面说他"不知其胸中有何等冤苦"，一面又说他"只是饱暖无事，又值心闲，不免伸纸弄笔"，这不是绝大的矛盾吗？《水浒传》决不是"饱暖无事，又值心闲"的人做得出来的书。"饱暖无事，又值心闲"的人只能做诗钟，做八股，做死文章，——决不肯来做《水浒传》。圣叹最爱谈"作史笔法"，他却不幸没有历史的眼光，他不知道《水浒》的故事乃是四百年来老百姓与文人发挥一肚皮宿怨的地方。宋、元人借这故事发挥他们的宿怨，故把一座强盗山寨变成替天行道的机关，明初人借他发挥宿怨，故写宋江等平四寇立大功之后反被政府陷害谋死。明朝中叶的人——所谓施耐庵——借他发挥他的一肚皮宿怨，故削去招安以后的事，做成一部纯粹反抗政府的书。

这部七十回的《水浒传》处处"褒"强盗，处处"贬"官府。这是看《水浒》的人，人人都能得着的感想。圣叹何以独不得着这个普遍的感想呢？这又是历史上的关系了。圣叹生在流贼遍天下的时代,眼见张献忠、李自成一班强盗流毒全国,故他觉得强盗是不能提倡的,是应该"口诛笔伐"的。圣叹一个绝顶聪明的人,故能赏识《水浒传》,但文学家金圣叹究竟被《春秋》笔法家金圣叹误了。他赏识《水浒传》的文学,但他误解了《水浒传》的用意。他不知道七十回删去招安以后事正是格外反抗政府,他看错了,以为七十回本既不赞成招安,便是深恶宋江等一班人。所以他处处深求《水浒传》的"皮里阳秋",处处把施耐庵恭维宋江之作都解作痛骂宋江。这是他的根本大错。

换句话说,金圣叹对于《水浒》的见解与做《荡寇志》的俞仲华对于《水浒》的见解是很相同的。俞仲华生当嘉庆、道光的时代,洪秀全虽未起来,盗贼已遍地皆是,故他认定"既是忠义便不做强盗,既做强盗必不算忠义"的宗旨,做成他的《结水浒传》,——即《荡寇志》——要使"天下后世深明盗贼忠义之辨,丝毫不容假借!"(看《荡冠志》诸序。俞仲华死于道光己酉。明年洪秀全起事。)俞仲华的父兄都经过匪乱,故他有"孰知罗贯中之害至于此极耶"的话。他极佩服圣叹,尊为"圣叹先生",其实这都是因为遭际有相同处的缘故。

圣叹自序在崇祯十四年,正当流贼最猖獗的时候,故他的评本努力要证明《水浒传》"把宋江深恶痛绝,使人见之真有狗彘不食之恨"。但《水浒传》写一班强盗确是可爱可敬,圣叹决不能使我们相信《水浒传》深恶痛绝鲁智深、武松、林冲一班人,故圣叹只能说"《水浒传》独恶宋江,亦是奸厥渠魁之意,其余便饶恕了"。好一个强辩的金圣叹!岂但"饶恕",简直是崇拜!

圣叹又亲见明末的流贼伪降官兵,后复叛去,遂不可收拾。所以他对于《宋史》侯蒙请赦宋江使讨方腊的事,大不满意,故极力驳他,说他"一语有八失"。所以他又极力表章那没有招安以后事的七十回本。其实这都是时代的影响。雁宕山樵当明亡之后，流贼已不成问题，当时的问题乃是国亡的原因和亡国遗民的惨痛等等问题，故雁宕山樵的《水浒后传》极力写宋南渡前后那班奸臣误国的罪状；写燕青冒险到金兵营里把青子黄柑献给君皇帝；写王铁杖刺杀王黼，杨戬、梁师成三个奸臣；写燕青、李应等把高俅、蔡京、童贯等邀到营里，大开宴会，数说他们误国的罪恶，然后把他们杀了；写金兵掳掠平民，勒索赎金；写无耻奸民，装作金兵模样，帮助仇敌来敲同胞的脂髓。这更可见时代的影响了。

这种种不同的时代发生种种不同的文学见解，也发生种种不同的文学作品。——这便是我要贡献给大家的一个根本的文学观念。《水浒传》上下七八百年的历史便是这个观念的具体的例证。不懂得南宋的时代，便不懂得宋江等三十六人的故事何以发生。不懂得宋、元之际的时代，便不懂得水浒故事何以发达变化。不懂得元朝一代发生的那么多的水浒故事，便不懂得明初何以产生《水浒传》。不懂得元明之际的文学史，便不懂得明初的《水浒传》何以那样幼稚。不读《明史》的《功臣传》，便不懂得明初的《水浒传》何以于固有的招安的事之外又加上宋江等有功被谗遭害和李俊、燕青见机远遁等事。不读《明史》和《文苑传》，不懂得明朝中叶的文学进化的程度，便不懂得七十回本的《水浒传》的价值。不懂得明末流贼的大乱，便不懂得金圣叹的《水浒》见解何以那样迂腐。不懂得明末清初的历史，便不懂得雁宕山樵的《水浒后传》。不懂得嘉靖、道光间的遍地匪乱，便不懂得俞仲华的《荡寇志》。——这叫做历史进化的文学观念。

## 《西游记》的第八十一难

十年前我曾对鲁迅先生说起《西游记》的第八十一难（九十九回）未免太寒伧了，应该大大地改作，才衬得住一部大书。我虽有此心，终无此闲暇，所以十年过去了，这件改作《西游记》的事终未实现。前几天，偶然高兴，写了这一篇，把《西游记》的第八十一难，完全改作过了。自第九十九加"菩萨将难簿目过了一遍"起，到第一百回"却说八大金刚使第二阵香风，把他四众，不一日送回东土"为止，中间足足改换了六千多字。因为《学文月刊》的朋友们要稿子，就请他们把这篇"伪书"发表了。现在收在这里，请爱读《西游记》的人批评指教。

二十三，七，一，胡适记

《西游记》 第九十九回：

观音点簿添一难

唐僧割肉度群魔

话说观音菩萨把唐僧一路上经历的灾难簿子从头看了一遍，忽发言道："佛门中九九归真。圣僧受过八十难，还少一难，不得完成此数。"菩萨当时即命五方揭谛道："速速赶上金刚，还生一难者！"

揭谛得令，驾云向东赶去，不多时赶上了金刚，附耳低言，说明菩萨法旨。金刚奉令，刷地把风按下，将唐僧四众连马与经，降落在地。噫！正是：

> 九九归真道行难，一篑功亏不结丹。
> 腾云指日回唐土，何图蓦地下云端！

三藏脚踏了凡地，自觉心惊。八戒呵呵大笑道："好，好，好！这正是走得快，跌得高！"沙僧也道："想是护送的金刚半路上看个亲眷去了，叫我们下来歇歇哩。"孙行者火眼金睛，早已看见五方揭谛赶上金刚，交头接耳必有用意，他且不说破，只对唐僧说道："师父，金刚抛下我们，自回去了。我们且打听明白这是甚么地方，在何国土。"唐僧道："悟空说得是。我听得远远的有水响，不知是不是我们走过的河水。"

行者纵身跳在空中，用手搭凉篷，仔细看了，下来道："师父，那一带树林过去，果然是一条大河，河身像是很宽，很长；水势却不汹涌，不像是流沙河，也不像是通天河，也许是一条我们不曾走过的大河。"

唐僧问道："徒弟啊，那边可望得见人烟么？"行者答道："河的对岸好像有一个城镇。有船只载着人往这边来。河这边有一座高塔。船上的人好像是朝着这塔来的，也许是来塔上烧香祭赛的。"

八戒喊道："只要有人烟，我们都去！"八戒、沙僧把经卷驮在马上，四众步行，穿过大树林，果然望见一座高高的宝塔。师徒们朝着宝塔走去，看看太阳将落时，他们到了宝塔面前。只见二三十个人，全是天竺国服装，老老少少，男男女女从塔下走出来，朝着河边回去，那些人见了唐僧四众，都很惊异，渐渐围拢来；妇人孩子见了八戒三人的怪模样，都很害怕，躲在老年人的背后，窃窃私语。内中一位老者，认得唐僧的状貌衣装是大唐人物，走过来问讯。唐僧叫三个徒弟站开，他自己上前施礼问讯。唐僧道："贫僧是大唐人氏，这三人是小徒，往西天取经回来，流落在此，不知路途方向。请问老丈这里是何国土，这宝塔供养何种尊神,此去大唐国土应走何方向。"

那老者答礼道:"不知法师是大唐上国求法高僧,失敬之至。此处是婆罗涅斯国,前面的大河是殑伽河。顺河流东行,约三百余里,便是战士国境。法师若要东行,可用船顺流下去。这里的宝塔是敝国最著名的古迹,叫做'三兽窣堵波',是如来在过去劫初修'菩萨行'时烧身供养天帝释之处。每年八月月圆时,是月光王菩萨的节日,敝处的人来此扫塔祭赛。今天正是月光节,我们来此祭扫,不想得遇上国高僧。可否请到对河村子里供养一宿,明天准备船只相送东行?"

唐僧听说"三兽窣堵波"之名,心里大欢喜,心整衣帽,朝塔礼拜,并叫行者三人同来礼拜。礼拜毕,唐僧又谢那老者指引的好意,说道:"贫僧久闻'三兽窣堵波'之名,但恨无缘拜扫瞻仰。天幸今日无意中亲到塔下,岂可错过机缘?贫僧师弟都是修行之人,今夜决计在塔下打坐一宵,以表礼拜的诚心。多蒙老丈厚意款待,明早一定渡河到贵村来拜谢。"

那老丈听说,知道唐僧决心扫塔,又有点害怕那三个怪模样的徒弟,也便不坚留,便留下姓名,率领众男妇回河边上船去了。

话说唐僧别了众人,回过头来,欢天喜地地对三个徒弟说道:"徒弟啊,谁料我们从云里掉下来,却遇着这意外的奇缘!"八戒笑道:"师父,想必是打听得你的祖宗的骨塔了?"沙僧和行者齐声问道:"师父,这个古塔有何因缘,叫你老人家这样高兴!"

三藏回头用手指道:"你们不见这里是三座塔么?"行者们看时,果然中间一座高塔,左右两旁各有一座小塔。在远处望见的只是中间的高塔。唐僧说:"这就是西域地志上有名的三兽塔,又叫做'月中玉兔塔'。三兽是一只兔子,一只狐狸,一只猿猴。中间是兔塔,两边是狐塔、猴塔。"八戒呵呵大笑道:"怪道老师父欢天喜地,原来他替弼马温大师兄寻得了祖坟也!"

唐僧喝住八戒，说道："劫初之时，我佛如来投生为一只白兔，他本性不昧，在树林中修菩萨行。他有两个同伴，一狐一猿，受了他的感化，也同在树林中修行。一日，天帝释要试验他们的修行功夫，下凡变化作一个老人，到树林中来。三兽见那老人形容憔悴，行步艰难，都来问他有何病痛。老人说：'我要饿死了，来问你们求一点东西吃。'三兽请他坐在树下，他们都出去寻食物款客。狐狸先回来，嘴衔着一条鲜鲤鱼。猿猴也回来了，摘行一堆鲜果。只有白兔空手回来，心怀惭愧。老人说：'狐哥、猴哥都寻了东西回来，难道兔哥不肯布施一点么？'白兔闻言，对同伴道：'敢烦两位师兄替我采点干柴，生起火来，我自有佳肴供客。'狐猿出去，寻了一些枯枝干叶，生起火来。白兔见火焰正旺，就对老人道：'丈人，我自愧有心无力，不能救丈人的饥饿。敬献区区身体，供丈人一餐。'说完，就跳入烈焰之中。尔时老人复现天帝释庄严宝相，从火焰中提出兔身，嗟叹不已。天帝释道：'兔子舍生救人，是真菩萨行。吾当令世间人永永敬礼他的形容。'天帝释言讫，一只手攀住须弥山尖，撕下了半个峰头来做他的画笔；一只手捉住月亮，做他的画本，就在月亮上画下了玉兔的形状。至今月中有玉兔，便是这样起原的。后世天竺国人纪念这个玉兔烧身的故事，在这里建塔纪念，就是这个三兽窣堵波。"

唐僧接着又说："我小时念《杂宝藏经》、《经律异相》，就知道这白兔舍身的因缘。谁想今日取经回来，还能瞻拜这千年古塔！我如何不欢喜！"

三藏讲完故事，行者沙僧俱各欢喜赞叹。只有八戒涎着嘴脸，呵呵大笑道："好个多情的师父！忘不了大天竺国抛球招亲的假公主！你瞧那河上起来的团圞明月，正照着绣球选中的驸马爷的僧帽上。只怕太阴星君管束不严，玉兔知道了我师父今夜扫塔的多情，又要逃出广寒宫，来寻你耍子去也！"

三藏也不管八戒的顽皮，领着三人，到中间塔下，叫八戒把经卷龙马安顿在塔下，叫沙僧摘了一些竹枝，扎了一把笤帚。唐僧拿着笤帚，同他们上塔祭扫。正是：

玉兔高风永不磨，庄严塔影照长河。
殷勤上国求经客，来扫千年窣堵波。

话说唐僧四众扫塔，到得最上一层时，明月已近中天；远望殑伽河变成了一道光耀的银河；四野静穆，但见茫茫银雾，涌起一个出尘的世界。唐僧到此不觉一声叫绝。行者、沙僧也都凝望出神。连那八戒也不觉摇头摆耳，舞蹈起来。唐僧本来早已走得疲乏了，就在那塔顶上靠着石栏坐下。坐了一会儿，他舍不得走了，对三个徒弟道："徒弟啊，我当年离了长安，在法云寺里立了弘愿，上西方遇寺拜佛，见塔扫塔。一路上历尽多少艰辛。那回在祭赛国扫塔，被妖魔败兴。还有那回在荆棘岭上，虽然也是一个月白风清的良夜，又被几个松妖杏怪搅缠了一夜。今番取得经典回朝，难得在这千年古塔上清清闲闲地赏玩这无边月色。你们三人可先下去看守经卷，在塔下洞门里歇息。我要在这塔上打一回坐，定一定心。"

行者料无意外危险，便叫八戒、沙僧同去塔下等候。八戒笑着回头道："师父早点下来罢！莫要被月光钩起了凡心，又要累大师兄上毛颖山找寻玉兔儿去！"

他们下塔去讫，唐僧正襟打坐，凝神入定。他在定中，忽然听得空中有人喊道："圣僧随我来，了一件公案去者！"他觉得身体起在空中，跟着那人，在月光里飘到一个平阳大地，落下地来。他定神四看，只看见整千整万的异形怪状的鬼怪，也有像人形的，也有兽身人面的，也有完全兽形的，也有一身九头的，大都是浑身血污，破头折脚，肢体不全。这些鬼怪见唐僧来了，登时起了大扰攘，一霎时鬼哭魔嚎，喊声震天。唐僧只听得四方八面齐声喊着"唐僧还我命来!""唐僧还我命来!"

唐僧虽然身经无数灾难,到此也不免心惊胆颤。只听得那个同来的人低声说道:"圣僧不必惊慌。小神奉菩萨法旨,引圣僧来此结否一件公案。这些冤魂都是圣僧从东土西来求经一路上所遇见的大小妖魔的鬼魂。他们当时妄想要吃圣僧一块肉,可以延寿一千年,所以在路上兴风作浪,与圣僧为难。幸有齐天大圣、天蓬元帅、卷帘大将,一路保护前来。这些都是金箍棒和钉钯底下的死鬼,因为得罪了圣僧,永永打入恶道,不得超生。现今他们都奉地藏王菩萨法旨,来到这里请圣僧结此公案。"

那人说完,唐僧一时没了主意,扯住那人问道:"我的三个徒弟都不在我身边,叫我如何了得这件公案?"那人道:"这件公案只有圣僧自了,齐天大圣诸人都助不得力。"

那人说完,拉住唐僧起在半空中,用手指着下面一队队的妖魔鬼魂,一一说与唐僧道:"那边是双叉岭的老虎。那是两界山的老虎。那是五行山脚下被行者打死的六贼。那是鹰愁陡涧被龙吞了的马。那是观音禅院撞死的老和尚。那是黑风山的白花蛇与苍狼怪。那是黄风岭的虎先锋领着无数狐兔獐鹿的鬼魂。"

他转过身来,指道:"那个女鬼是白虎岭的白骨夫人。那两个小孩子是碗子山波月洞黄袍怪的两个儿子,被八戒、沙僧掼死的。这边是平顶山莲花洞的几百小妖,领头的是压龙洞的九尾狐精和狐阿七大王。那边三个道士是车迟国的虎力大仙、鹿力大仙、羊力大仙。那边那个跬跬拜拜的老怪物乃是通天河里设计捉拿圣僧的老鼋婆,率领着一班打死的水怪鱼精。"

那人又转向右边,指道:"那边百十个鬼魂乃是金兜山独角兕大王手下的小妖。这边二三十个人鬼乃是杨家庄上孙行者打死的贼人。那边是琵琶洞的蝎子精,这边是大闹西天的六耳猕猴。那边一大队是牛魔王的小夫人玉面公主领着摩云洞的小妖。这边一小群是碧波潭的老龙一定,同着他那九个头的驸马。"

说到这里,那人向前一指,笑道:"圣僧想还认得这几位朋友!"唐僧细看时,却是荆棘岭上的十八公、孤直公、凌空子、拂云叟、杏仙一班花妖树怪。

那人又指道:"圣僧请看,那边纷纷攘攘的是小雷音黄眉大王的五七百个小妖,和狮驼洞的万数小妖。这边争争吵吵的是盘丝洞的七种蜂妖、黄花观的七个蜘蛛精、竹节山九曲盘桓洞的猱狮雪狮等等七个狮精。前面那两盏大灯笼是稀柿衕的大蟒怪的一对眼睛。右边那个艾叶花皮豹子乃是隐雾山折岳连环洞的南山大王。左边那一大群牛,乃是金平府玄英洞的辟寒大王、辟暑大王、辟尘大王,领着他们手下的许多山牛精、水牛精、黄牛精。"

那人团团转了一遭,回头对唐僧说道:"圣僧,这一案里的人鬼妖魂全在这里了。地藏王菩萨的名籍上记着,这一案共有五万九千零四十九名。这都是当年要谋害圣僧的性命,要吃圣僧的肉想延寿长生的。圣僧如何处分这一案,想必自有权衡。小神交代明白,暂且告退。"说完,那人按落云头,把唐僧送在一座石磴上,竟自扬长腾空去了。

唐僧在半空中看了那几万个哀号的鬼魂,听了那惨惨凄凄的哭声,他的恐惧之心已完全化作慈悲不忍之心。他想到今天说过的白兔舍身的故事,想到佛家"无量慈悲"的教训,想到此身本是四大偶然和合,原无足系念。他主意已定,便自定心神,在石磴上举走双手,要大众鬼魂安静下来。

那时无数鬼魂看见唐僧站在月光中,庄严之中带着慈祥,个个都感觉着一种不可思议的威力。大众见他举起双手来,手心向下,月光正照在手背上,大众都渐渐安静下来。一会儿,真个全肃静了。

唐僧徐徐开言道:"列位朋友!贫僧上西天求经,一路上听得纷纷传说:'吃得唐僧一块肉,可以延寿长生。'非是贫僧舍不得这副臭皮囊:一来,贫僧实不敢相信这几根骨头、一包血肉,会真个有延年长命的神效;二来,贫僧奉命求经,经未求得,不敢轻易舍生。如今贫僧已求得大乘经典,有小徒三人可以赍送回大唐流布。今天难得列位朋友全在此地,这一副臭皮囊既承列位见爱,自当布施大众。惟愿各山洞主、各地魔王、各路冤魂,受此微薄布施,均得早早脱离地狱苦厄,超升天界,同登极乐!"

唐僧言讫,那数万鬼魂齐举手欢呼,鬼声啾杂,辨不出他们说的什么,只听得一片"聒噪!聒噪!""多谢布施!""快吃唐僧肉!"

唐僧又举起两手来,叫他们静听。他又说道:"列位朋友!请忍耐片刻。让贫僧留个遗表,给小徒带回大唐。"好个玄奘和尚!他脱下袈裟,反铺在石磴上,他咬破右手中指,写下血书遗表:

沙门玄奘言:臣奉命西来求法,历时一十七载,艰危万重,而凭恃天威,心愿获从。遂得见不见迹,闻未闻经。所求得大乘真经五千零四十八卷,今命徒弟悟空等赍送回朝,流布东土。惟求法弘愿已了,微躯已无足恋,兹于本日在婆罗涅斯国殑伽河上,舍命布施,下以超度途中枉死鬼魂,上以为国家祈天永命。临绝上闻,不尽依依。

他又留下遗嘱给行者三人:

玄奘赖尔等护持,得遂求经弘愿。经典至重,望尔等星夜赍送回朝。玄奘微躯已于今夜布施西天路上尔等所害诸枉死鬼魂,了此十七年公案。此是修菩萨行人本分内事,尔等不必哀伤。经典到达之日,即是玄奘不死之年。此嘱。

唐僧写完,将度牒裹在袈裟里,脱下紧身衣服,抽出十七年不曾用过的戒刀,坐在石磴上,从左腿上割下一块肉来,用刀尖挑了,递与靠近身旁的鬼魂,笑道:"这是唐僧肉,可惜不多,请你们每人吃一口罢。"一个小妖接过来,咬了一口,传递给第二人。这时唐僧又割下第二块肉来了。这些山妖水怪,被唐僧的大慈悲感动了,倒也讲点礼数,每人只咬一小口,不争多论少,也不争肥瘦;吃了肉的都慢慢散开去,让没吃肉的挤近前来。唐僧一块一块地割去,血流下石磴,石磴面前成了血池。一些鱼精鳖怪,便跟着老鳜婆,在血池里喝血。盘丝洞里干儿子,——蜜蜂、蚂蜂、蜂、班毛、牛蝱、抹蜡、蜻蜓,——也都飞来吸血。

唐僧把身上割得下的肉都割剔下来了,看看只剩得一个头颅,一只右手还不曾开割。说也奇怪,唐僧看见这几万饿鬼吃得起劲,嚼得有味,他心里只觉得快活,毫不觉得痛苦。

这时候,那团圞的月亮已快要落下地去,在长河那一边,月光平射过来,照着那个孤棱棱的和尚头,那头的黑影子足足有几百路长,在那几万鬼魂的顶上晃着。这时候,忽听得半空中一声"善哉!是真菩萨行!"唐僧抬起头来,只见世界大放光明,一切鬼魂都不见了。

唐僧如从大梦里醒来,定心一看,兀自坐在那三兽塔最高层上的石栏边,分毫不曾移动。抬头望那月亮已将落下地去,东方满天的红霞,太阳快起来了。他伸手摸腿上身上,全不见割剔的痕迹。他心里惊怪:难道是我在定中做了一场噩梦?正惊疑间,只听得塔的下层有脚步声响,行者与八戒上来。八戒喊道:"师父出定了吗?天快亮了。"唐僧心里觉得快活,也不说破,站起来同他们下塔去。

下得塔来,只见沙僧牵着龙马,傍边立着八大金刚,齐声向唐僧道喜,说道:"恭贺圣僧一夜之中,了得西来公案,圆成九九劫数!一念无量慈悲,三千大千诸佛菩萨同声赞叹。可贺,可贺!"

行者三人都不懂得金刚说的话,争问师父夜来在塔上做了什么。唐僧不得已,把夜来的奇境说了一遍,说完,解开袈裟,看那里面隐隐约约的好像还有许多金字,细看时又都不见了。师徒四众都咨嗟称异。

八大金刚催促道:"圣僧功行完满,就此回东土去罢!"有偈为赞:

　　吃得唐僧一块肉,五万九千齐上天。
　　如梦如电如泡影,一切皆作如是观。

# 读《吕氏春秋》

## 一 《吕氏春秋》的贵生主义

《吕氏春秋》是秦国丞相吕不韦的宾客所作。吕不韦本是阳翟的一个商人，用秦国的一个庶子作奇货，做着了一笔政治上的投机生意，遂做了十几年的丞相（前249年—237年），封文信侯，食客三千人，家僮万人。《史记》说：

是时诸侯多辩士，如荀卿之徒，著书布天下。吕不韦乃使其客人人著所闻，集论以为八览，六论，十二纪，二十余万言，以为备天地万物古今之事，号曰《吕氏春秋》。（《史记》八十五）

吕不韦死于秦始皇十二年（前235年）。此书十二纪之末有《序意》一篇的残余，首称"维秦八年"，当纪元前239年。此可见成书的年代。

《吕氏春秋》虽是宾客合纂的书，然其中颇有特别注重的中心思想。组织虽不严密，条理虽不很分明，然而我们细读此书，不能不承认他代表一个有意综合的思想系统。《序意》篇说：

维秦八年，岁在涒滩，秋，甲子朔。朔之日，良人请问十二纪。文信侯（吕不韦）曰："尝得学黄帝之所以诲颛顼矣：'爰有大圜在上，大矩在下。汝能法之，为民父母'。盖闻古之清世、是法天地（大圜即天，大矩即地）。凡十二纪者，所以纪治乱存亡也，所以知寿夭吉凶也。上揆之天，下验之地，中审之人，若此则是非可不可无所遁矣。天曰顺，顺维生。地曰固，固维宁。人曰信，信维听。三者咸当，无为而行。行也者，行其理也。行[其]数，循其礼，平其私。夫私视使目盲，私听使耳聋，私虑使心狂。三者皆私设精则智无由公。智不公则福日衰，灾日隆。……"

这是作书的大意。主旨在于"法天地"，要上揆度于天，下考验于地，中审察于人，然后是与非，可与不可，都不能逃遁了。分开来说，

> 天曰顺，顺维生。
> 地曰固，固维宁。
> 人曰信，信维听。

第一是顺天，顺天之道在于贵生。第二是固地，固地之道在于安宁。第三是信人，信人之道在于听言。"三者咸当，无为而行。"无为而行，只是依着自然的条理，把私意小智平下去，这便是"行其数，循其理，平其私"。一部《吕氏春秋》只说这三大类的事：贵生之道，安宁之道，听言之道。他用这三大纲来总汇古代的思想。

法天地的观念是黄、老一系的自然主义的主要思想（这时代有许多假托古人的书，自然主义一派的人因为儒、墨都称道尧、舜，尧、舜成了滥调了，故他们造出尧、舜以前的黄帝的书来。故这一系的思想又称为"黄、老之学"）。而这个时代的自然主义一派思想，经过杨朱的为我主义，更趋向个人主义的一条路上去，故孟子在前四世纪末年说杨朱、墨翟之言盈天下，又说当时的三大系思想是杨、墨、儒三家。杨朱的书，如《列子》书中所收，虽在可信可疑之间，但当时的"为我主义"的盛行是决无可疑的。我们即使不信《列子》的《杨朱篇》，至少可以从《吕氏春秋》里寻得无数材料来表现那个时代的个人主义的精义，因为这是《吕氏春秋》的中心思想。

《吕氏春秋》的第一纪的第一篇便是《本生》，第二篇便是《重

气质

己》；第二纪的第一篇便是《贵生》，第二篇便是《情欲》。这都是开宗明义的文字，提倡的是一种很健全的个人主义，叫做"贵生"主义，大体上即是杨朱的"贵己"主义（《不二篇》说，"阳生贵己"。李善注《文选》引作"杨朱贵己"。是古本作"杨朱"，或"阳朱"）。其大旨是：

> 圣人深虑天下，莫贵于生……尧以天下让于子州支父，子州支父对曰："以我为天子，犹可也。虽然，我适有幽忧之病，方将治之，未暇在天下也。"天下，重物也，而不以害其生，又况于他物乎？惟不以天下害其生也者，可以托天下。（《贵生》）

> 倕，至巧也；人不爱倕之指而爱己之指，有之利故也。人不爱昆山之玉，江、汉之珠，而爱己之一苍璧小玑，有之利故也。今吾生之为我有而利我亦大矣！论其贵贱，爵为天子不足以比焉。论其轻重，富有天下不可以易之。论其安危，一曙失之，终身不复得。此三者，有道者之所慎也。（《重己》）

这就是"拔一毛而利天下，不为也"的本意。本意只是说天下莫贵于吾生，故不以天下害吾生。这是很纯粹的个人主义。《吕氏春秋》说此义最详细，如云：

> 身者，所为也。天下者，所以为也。审［所为］所以为，而轻重得矣。今有人于比，断首以易冠，杀身以易衣，世必惑之。是何也？冠所以饰首也，衣所以饰身也。杀所饰，要所以饰，则不知所为矣。世之走利，有似于此。危身伤生，刈颈断头以徇利，则亦不知所为也。……不以所以养害所养。……能尊生，虽贵富，不以养伤身；虽贫贱，不以利累形。今受其先人之爵禄，则必重失之。生之所自来者久矣，而轻失之，岂不惑哉？（《审为》）

> 凡圣人之动作也，必察其所以之，与其所以为。今有人于此，以随侯之珠弹千仞之雀，世必笑之。是何也？所用重，所要轻也。夫生岂特随侯珠之重也哉？（《贵生》）

以上都是"贵生"的根本思想。因为吾生比一切都重要，故不可不贵生，不可不贵己。

贵生之道是怎样呢？《重己》篇说：

> 凡生之长也，顺之也。使生不顺者，欲也。故圣人必先适欲（高诱注，适，节也）。

《情欲》篇说：

> 天生人而使有贪有欲。欲有情，情有节。圣人修节以止欲，故不过行其情也。故耳之欲五声，目之欲五色，口之欲五味，情也。此三者，贵贱愚智贤不肖欲之若一。虽神农、黄帝，其与桀、纣同。圣人之所以异者，得其情也。由"贵生"动，则得其情矣。不由"贵生"动，则失其情矣。此二者，死生存亡之本也。

怎么叫做"由贵生动"呢？

> 夫耳目鼻口，生之役也。耳虽欲声，目虽欲色，鼻虽欲芬香，口虽欲滋味，害于生则止。在四官者不欲，利于生者则弗为[止]。由此观之，耳目鼻口不得擅行，必有所制；譬之若官职，不得擅为，必有所制。此贵生之术也。（《贵生》）

这样尊重人生，这样把人生看作行为动作的标准，看作道德的原则，这真是这一派个人主义思想的最大特色。

贵生之术不是教人贪生怕死，也不是教人苟且偷生。《吕氏春秋》在这一点上说的最分明：

> 子华子（据《吕氏春秋·审为》篇，子华子是韩昭侯时人，约当前四世纪的中叶。昭侯在位年代为前358年到333年。）曰："全生为上，亏生次之，死次之，迫生为下。"故所谓"尊生"者，全生之谓。所谓全生者，六欲皆得其宜也。所谓亏生者，六欲分得其宜也（分是一部分，故叫做亏。亏是不满）。亏生则于其尊之者薄矣。其亏弥甚者，其尊弥薄。所谓死者，无有所以知，复其未生也。所谓迫生者，六欲莫得其宜也，皆获其所甚恶者，服

气质

是也,辱是也(服字高诱训"行也",是错的。服字如"服牛乘马"的服,在此有受人困辱羁勒之意)。辱莫大于不义,故不义,迫生也。而迫生非独不义也。故曰迫生不若死。奚以知其然也?耳闻所恶,不若无闻;目见所恶,不若无见。故雷则掩耳,电则掩目,此其比也。凡六欲皆知其所甚恶(《墨经》云,知,接也。)而必不得免,不若无有所以知。无有所以知者,死之谓也。故迫生不若死。

> 嗜肉者,非腐鼠之谓也。嗜酒者,非败酒之谓也。尊生者,非迫生之谓也。(《贵生》)

正因为贵生,所以不愿迫生。贵生是因为生之可贵,如果生而不觉其可贵,只得其所甚恶,故不如死,孟轲所谓"所恶有甚于死者"正是此理。贵生之术本在使所欲皆得其宜,如果生而不得所欲,死而得其所安,那自然是生不如死了。《吕氏春秋》说:

> 天下轻于身,而士以身为人。以身为人者如此其重也!(《不侵》)

因为天下轻于一身,故以身为人死,或以身为一个理想死,才是真正看得起那一死。这才叫做一死重于泰山。岂但重于泰山,直是重于天下。故《吕氏春秋》又说:

> 石可破也,而不可夺坚。丹可磨也,而不可夺朱。坚与朱,性之有也。性也者,所受于天也,非择取而为之也。豪士之自好者,其不可漫以污也,亦犹此也。……(此下引伯夷、叔齐饿死的事)……人之情莫不有重,莫不有轻。有所重则欲全之,有所轻则以养所重。伯夷、叔齐此二士者,皆出身弃生以立其意,轻重先定也。(《诚廉》)

全生要在适性,全性即是全生。重在全性,故不惜杀身"以立其意"。老子曾说:

> 故贵以身为天下,若(乃)可寄天下。爱以身为天下,若可托天下。

《吕氏春秋》解释此意道：

> 惟不以天下害其生也者，可以托天下。

又说：

> 天下轻于身，而士以身为人。以身为人者如此其重也！

明白了这种精神，我们才能了解这种贵生重己的个人主义。

儒家的"孝的宗教"虽不是个人主义的思想，但其中也带有一点贵生重己的色彩。孝的宗教教人尊重父母的遗体，要人全受全归，要人不敢毁伤身体发肤，要人不敢以父母之遗体行殆，这里也有一种全生贵己的意思。"大孝尊亲，其次弗辱"，这更有贵生的精神。推此精神，也可以养成"不降其志，不辱其身"的人格。所不同者，贵生的个人主义重在我自己，而儒家的孝道重在我身所自生的父母，两种思想的流弊大不同，而在这尊重自身的一点上确有联盟的可能。故《吕氏春秋》也很注重孝的宗教，《孝行览》一篇专论孝道，甚至于说：

> 夫执一术而百善至，百邪去，天下从者，其惟孝也。

这是十分推崇的话了。但他所引儒家论孝的话，都是全生重身的话，如曾子说的：

> 身者，父母之遗体也。行父母之遗体，敢不敬乎？居处不庄，非孝也。事君不忠，非孝也。莅官不敬，非孝也。朋友不笃，非孝也。战陈无勇，非孝也。五行不遂，灾及乎亲，敢不敬乎？

又如曾子"舟而不游，道而不径"的话；又如乐正子春下堂伤足的故事里的"父母全而生之，子全而归之，不亏其身，不损其形，可谓孝矣"的一段话，都可以算作贵生重己之说的别解。《孝行览》又说：

> 身也者，非其私有也，严亲之遗躬也。……父母既没，敬行其身，无遗父母恶名，可谓能终矣。

这正是一种变相的贵生重己主义。

气质

## 二 《吕氏春秋》的政治思想

《吕氏春秋》的政治思想，根据于"法天地"的自然主义，充分发展贵生的思想，侧重人的情欲，建立一种爱利主义的政治哲学。此书开篇第一句话便是：

> 始生之者，天也。养成之者，人也。能养天之所生而勿撄之，谓之天子。天子之动也，以全天为故者也。此官之所自立也。立官者，以全生也。今世之惑主多官而反以害生，则失所为立之矣。譬之若修兵者，以备寇也。今修兵而反以自攻，则亦失所为修之矣。（《本生》）

政府的起源在于"全生"，在于利群。《恃君》篇说：

> 凡人之性，爪牙不足以自守卫，肌肤不足以扞寒暑，筋骨不足以从利辟害，勇敢不足以却猛禁悍，然且犹裁万物，制禽兽，服狡虫，寒暑燥湿弗能害，不惟先有其备而以群聚耶？群之可聚也，相与利之也。利之出于群也，君道立也。故君道立则利出于群，而人备可完矣。昔大古尝无君矣，其民聚生群处，知母不知父，无亲戚兄弟夫妻男女之别，无上下长幼之道，无进退揖让之礼，无衣服履带宫室畜积之便，无器械舟车城郭险阻之备：此无君之患。……自上世以来，天下亡国多矣，而君道不废者，天下之利也。故废其非君而立其行君道者。

这里可以看出《吕氏春秋》的个人主义在政治上并不主张无政府。政府之设是为一群之利的，所以说：

> 置君非以阿君也，置天子非以阿天子也，置官长非以阿官长也。（《恃君》）

所以说：

> 故废其非君而立其行君道者。

所以说：

> 天下非一人之天下也，天下之天下也。(《贵公》)

政府的功用在于全生，故政府的手段在于利用人的情欲。《用民》篇说：

> 民之用也有故。得其故，民无所不用。用民有纪有纲。壹引其纪，万目皆起。壹引其纲，万目皆张。为民纪纲者何也？欲也，恶也。何欲？何恶？欲荣利，恶辱害。辱害所以为罚充也。（充，实也。）荣利所以为赏实也。赏罚皆有充实，则民无不用矣。

《为欲》篇说：

> 使民无欲，上虽贤，犹不能用。夫无欲者，其视为天子也，与为舆隶同；其视有天下也，与无立锥之地同；其视为彭祖也，与为殇子同。天子，至贵也；天下，至富也；彭祖，至寿也。诚无欲，则是三者不足以劝。舆隶，至贱也；无立锥之地，至贫也；殇子，至夭也。诚无欲，则是三者不足以禁。……

> 故人之欲多者，其可得用亦多。人之欲少者，其得用亦少。无欲者不可得用也。

从前老子要人"无知无欲"，要"我无欲而民自朴"，要"不欲以静，天下将自定"。墨者一派提倡刻苦节用，以自苦为极，故其后进如宋钘有"情欲寡浅"（欲字是动词，即"要"字）之说，以为人的情欲本来就是不要多而要少的（《荀子·正论》篇、《正名》篇。《庄子·天下》篇；看我的《古代哲学史》第十一篇第三章三，第十二篇第一章二）。这种思想在前三世纪已很受严重的批评了，最有力的批评是荀卿的《正名》和《正论》两篇。荀卿很大胆地说：

> 凡语治而待去欲者，无以道欲而困于有欲者也。凡语治而待寡欲者，无以节欲而困于多欲者也。……治乱在于心之所可，亡于情之所欲。(《正名》)

《吕氏春秋》从贵生重己的立场谈政治，所以说得更彻底了，竟老实承认政治的运用全靠人有欲恶，欲恶是政治的纪纲；欲望越多的人，越可得用；欲望越少的人，越不可得用；无欲的人，谁也不能使用。所以说：

善为上者能令人得欲无穷，故人之可得用亦无穷也。(《为欲》)

这样尊重人的欲恶，这样认政府的作用要"令人得欲无穷"，便是一种乐利主义的政治学说。墨家也讲一种乐利主义，但墨家律己太严，人人"以自苦为极"，而对人却要"兼而爱之，兼而利之"，这里面究竟有点根本的矛盾。极少数人也许能有这种牺牲自己而乐利天下的精神，但这种违反人情的人生观之上决不能建立真正健全的乐利主义。创始的人可以一面刻苦自己而一面竭力谋乐利天下，但后来的信徒必有用原来律己之道来责人的；原来只求自己刻苦，后来必到责人刻苦；原来只求自己无欲，后来必至于要人人无欲。如果自苦是不应该的，那么，先生为什么要自苦呢？如果自苦是应该的，那么，人人都应该自苦了。故自苦的宗教决不能有乐利的政治，违反人情的道德观念决不能产生体贴人情的政治思想。《庄子·天下》篇说得最好：

其生也勤，其死也薄，其道大觳；使人忧，使人悲，其行难为也。……反天下之心，天下不堪。墨子虽能独任，奈天下何？……将使后世之墨者必自苦，以腓无胈胫无毛相进而已矣。乱之上也，治之下也。

故健全的乐利主义的政治思想必须建筑在健全的贵己贵生的个人主义的基础之上（近世的乐利主义[Utilitarianism]的提倡者，如边沁，如穆勒，皆从个人的乐利出发）。《吕氏春秋》的政治思想重在使人民得遂其欲，这便是一种乐利主义。故此书中论政治，时时提出"爱利"的目标，如云：

若夫舜汤则苞裹覆容，缘不得已而动，因时而为，以爱利为本，以万民为义。(《离俗》)

如云：

古之君民者，仁义以治之，爱利以安之，忠信以导之，务除其灾，思致其福。(《适威》)

如云：

圣人南面而立，以爱利民为心，号令未出而天下皆延颈举踵矣。(《精通》)

如云：

爱利之为道大矣！夫流于海者，行之旬月，见似人者而喜矣。及其期年也，见其所尝见物于中国者而喜矣。夫去人滋久而思人滋深欤？乱世之民，其去圣王亦久矣，其愿见之，日夜无间。故贤王秀士之欲忧黔首者，不可不务也。(《听言》)

这一派的思想以爱利为政治的纲领，故虽然时时钦敬墨者任侠好义的行为，却终不能赞同墨家的许多极端主张。他们批评墨家，也就是用乐利主义为立论的根据。如他们批评"非乐"的话：

始生人者，天也，人无事焉。天使人有欲，人弗得不求。天使人有恶，人弗得不辟。欲与恶，所受于天也，人不得兴焉，不可交，不可易。世之学者有非乐者矣，安由出哉？（《大乐》）

这样承认音乐是根据于"不可变，不可易"的天性，便完全是自然主义者的乐利思想。

他们批评"非攻"、"偃兵"之论，也是从人民的利害上立论。第一，他们认战争为人类天性上不可避免的：

古圣王有义兵而无有偃兵。兵之所自来者久矣，与始有民俱。凡兵也者，威也。威也者，力也。民之有威力，性也。性也者，所受于天也，非人之所能为也。武者不能革，而工者不能移。(《荡兵》)

这仍是自然主义者的话，与上文所引承认欲恶为天性是一样的理论。第二，战争虽是不能革，不能移，其中却有巧拙之分，义与不义之别，分别的标准在于人民的利害。他们说：

夫有以噎死者，欲禁天下之食，悖。有以乘舟死者，欲禁天下之船，悖。有以用兵丧其国者，欲偃天下之兵，悖。

　　夫兵不可偃也。譬之若水火然，善用之则为福，不能用之则为祸。若用药者然，得良药则活人，得恶药则死人。义兵之为天下良药也亦大矣！

　　兵诚义，以诛暴君而振苦民，民之说也，若孝子之见慈亲也，若饥者之见美食也。民之号呼而走之也，若强弩之射于深谷也，若积大水而失其壅堤也。（《荡兵》）

　　攻无道而伐不义，则福莫大焉，黔首利莫厚焉。禁之者，是息有道而伐有义也，是穷汤、武之事而遂桀、纣之过也。（《振乱》）在这些话里，我们可以看出秦始皇的武力统一政策的理论。我们不要忘了吕不韦是秦始皇的丞相，秦始皇是他的儿子，将来帮助始皇做到天下统一的李斯也是吕不韦门下的舍人，也许即是当日著作《吕氏春秋》的一个人。当时秦国的兵力已无敌于中国，而武力的背后又有这种自觉的替武力辩护的理论，明白地排斥那些非攻偃兵的思想，明白地承认吊民伐罪是正当的。这是帝国统一的思想背景。看他们说：

　　今周室既灭，而天子已绝（秦灭周室在始皇即位前十年，纪元前256年）。乱莫大于无天子。无天子则强者胜弱，众者暴寡，以兵相残，不得休息。今之世当之矣。（《谨听》）

这完全是当仁不让的口气了。

《吕氏春秋》的政治思想虽然侧重个人的欲恶，却不主张民主的政治。《不二》篇说：

　　听群众人议以治国，国危无日矣。

为什么呢？因为治国是一件很繁难的事，需要很高等的知识和很谨慎的考虑，不是群众人所能为的。《察微》篇说：

　　使治乱存亡若高山之与深谷，若白垩之与黑漆，则无所用智，虽愚亦可矣。

可惜天下没有这样简单容易的事！

　　治乱存亡则不然。如可知，如不可知；如可见，如不可见。故智士贤者相与积心愁虑以求之，犹尚有管叔、蔡叔之事，与东夷八国不听之谋。故治乱存亡，其始若秋毫，察其秋毫则大物不过矣。

因为治乱存亡的枢机不容易辨别，"如可知，如不可知；如可见，如不可见"，所以有贤能政治的必要。"弩机差以米则不发"（《察微》篇语），治国之事也是如此。群众往往是短见的，眼光望不出一身一时的利害之外，故可以坐享成功，而不能深洪远虑。

　　禹之决江水也，民聚瓦砾。事已成，功已立，为万世利。禹之所见者远也，而民莫之知。故民不可与虑化举始，而可以乐成功。（《乐成》）

　　舟车之始见也，三世然后安之。夫开善岂易哉？（同）

《乐成》一篇中历举孔子治鲁，子产治郑的故事，来说明民众的缺乏远见。最有趣的是魏襄王请史起引漳水灌邺田的故事：

　　史起曰，"臣恐王之不能为也。"

　　王曰，"子诚能为寡人为之，寡人尽听于矣。"

　　史起敬诺，言之于王曰，"臣为之，民必大怨臣，大者死，其次乃藉臣（籍是抄没家产）。臣虽死籍，愿王之使他人遂之也。"王曰，"诺。"使之为邺令。史起因往为之。邺民大怨，欲籍史起，史起不敢出而避之。王乃使他人遂为之。水已行，民大得其利，相与歌之曰，

　　"邺有圣令，时为史公，

　　决漳水，灌邺旁。

　　终古斥卤，生之稻粱。"

　　使民知可与不可，则无所用贤矣。

气质

治国之道，知虑固不易，施行也不易。不知固不能行，行之而草率苟且也不能有成，行之而长难中止，或畏非议而中止，也不能有成。计虑固须专家，施行也须要贤者。这是贤能政治的理论。

《吕氏春秋》主张君主政治，其理由如下：

军必有将，所以一之也。国必有君，所以一之也。天下必有天子，所以一之也。天子必执一，所以专之也。一则治，两则乱。今御骊马者使四人人操一策，则不可以出于门闾者，不一也。（《执一》）

这是当时政治思想的最普通的主张，无甚深意。墨家的尚同主义不但要一个一尊的天子，还要上同于天。儒家的孟、荀都主张君主。孟子虽有民为贵之论，但也不曾主张民权，至多不过说人民可以反抗独夫而已。古代东方思想只有"民为邦本"、"民为贵"之说，其实并没有什么民主民权的制度。极端左派的思想确有"无君"、"无所事圣王"之说，但无政府是一件事，民主制度另是一件事。东方古代似乎没有民主的社会背景，即如古传说的尧、舜禅让，也仍是一种君主制。因为没有那种历史背景，故民权的学说无从产生。西洋的政治史上是先有民权制度的背景，然后有民权主义的政治学说。

但世袭的君主制究竟和贤能政治的理想不能相容。君主的威权是绝对的，而君主的贤不肖是不能预定的。以无知或不贤的人当绝对的大威权，这是绝大的危险。而名分既定，臣民又无可如何，难道只好听他虐民亡国吗？这是古代政治思想的一个中心问题。这问题便是：怎样可以防止避免世袭君主制的危险？前四世纪到三世纪之间，政治哲学对于这个问题曾有几种重要的解答，第一是提倡禅国让贤。禅让之说在这时代最风行，造作的让国神话也最多，似乎都有暗示一种新制度的作用。第二是主张人民对于暴君有反抗革命的权利。孟子所谓"君之视民如土芥，则臣视君如寇仇","闻诛独夫纣矣，未闻弑君也"，都是很明白地承认人民革命的权利。第三是提倡法治的虚君制度。慎到(《古代哲学史》第十二篇，第一章，一)、韩非(同书第十二篇，第二章，四)等人都主张用法治来代替人治。韩非说得最透彻：

> 释法术而以心治，尧不能正一国。去规矩而妄意度，奚仲不能成一轮。……使中主守法术，拙匠守规矩尺寸，则万不失矣。君人者能去贤巧之所不能，守中拙之所万不失，则人力尽而功名立。(《韩非子·用人》篇)

这是说，若能守着标准法，则君主的贤不贤都不关重要了。这是一种立宪政体的哲学，其来源出于慎到的极端自然主义。慎到要人"弃知，去己，而缘不得已"，《庄子·天下》篇说此理最妙：

> 推而后行，曳而后往，若飘风之还，若羽之旋，若磨石之隧，全而无非，动静无过，未尝有罪。是何故？夫无知之物，无建己之患，无用知之累，动静不离于理，是以终身无誉。故曰至若无知之物而已，无用贤圣。夫块不失道。

这是当日的法治主义的学理的根据。慎到要人学无知之物，弃知，去己，不用主观的私见，不用一己的小聪明，而完全依着物观的标准，不得已而后动，如飘风之旋，如石头之下坠，动静皆不离于自然之理。这种无知无为的思想应用到政治上便成了法治的哲学。

《吕氏春秋》的政治哲学大概很受了这种思想的影响，故虽不主张纯粹的法治主义，却主张一种无知无为的君道论。《君守》篇说：

> 得道者必静，静者无知。知乃无知，可以言君道也（乃字疑当在可字上）……天无形而万物以成，至精无象而万物已化，大圣无事而千官尽能。此乃谓不教之教，无言之诏。故有以知君之狂也，以其言之当也。有以知君之惑也，以其言之得也。君也者，

以无当为当，以无得为得者也。当与得不在于君而在于臣。

故善为君者无识，其次无事。有识则有不备矣，有事则有不恢矣。

《任数》篇说：

君道无知无为，而贤于有知有为，则得之矣。

为什么要无知无为呢？因为

耳目心智其所以知识甚阙，其所以闻见甚浅。以浅阙博居天下，安殊俗，治万民，其说固不行。十里之间而耳不能闻，帷墙之外而目不能见，三亩之宫而心不能知。其以东至开梧，南抚多鷃，西服寿麻，北怀儋耳，若之何哉？（《任数》）

因为

人主好以己为，则守职者舍职而阿主之为矣。阿主之为，有过则主无以责之，则人主日侵而人臣日得。（《君守》）

因为

人主自智而愚人，自巧而拙人，若此则……请者愈多，且无不请也。主虽巧智，未无不知也。以"未无不知"应"无不请"，其道固穷。为人主而数穷于下，将何以君人乎？（《如度》）

因为这些理由，人主应该无知无事。

去听，无以闻，则聪。去视，无以见，则明。去智，无以知，则公。去三者不任则治，三者任则乱。……

耳目知巧固不足恃，惟循其数，行其理，为可。（《任数》。循字旧作修，依《序意》篇改。）

这就是上文所引《序意》篇所说"行其数，循其理，平其私。夫私视使目盲，私听使耳聋，私虑使心狂"的意思。用个人的耳目智巧，总不能无私，所以人君之道须学那无知之物，然后可以无建己之患，无用知之累。故说：

至智弃智，至仁忘仁，至德不德。无言无思，静以待时。时至而应，心暇者胜。……无唱有和，无先有随。古之王者，其所为少，其所因多。因者，君术也。为者，臣道也。为则扰矣，因则静矣。因冬为寒，因夏为暑，君奚事哉？（《任数》）

无唱有和，无先有随，即是慎到所谓"推而后行，曳而后往"，即是"因"。慎到说"因"字最好：

因也者，因人之情也。人莫不自为也。……用人之自为，不用人之为我，则莫不可得而用矣。此之谓因。

人皆欲荣利，恶辱害，国家因而立赏罚，这便是因人之情，便是用人之自为（说详上文）。《分职》篇说：

先王用非其有，如己有之，通乎君逆者也。夫君也者，处虚素服而无智，故能使众智也。智反无能，故能使众能也。能执无为，故能使众为也。无智，无能，无为，此君之所执也……。

武王之佐五人，武王之于五人者之事无能也，然而世皆曰取天下者武王也。故武王取非其有，如己有之，通乎君道也。……枣，棘之有；裘，狐之有也。食棘之枣，衣狐之皮，先王固用非其有而己有之。

用非其有，如己有之，也是"因"。

今召客者，酒酣歌舞，鼓瑟吹竽。明日不拜乐己者，而拜主人，主人使之也。先王之立功名，有似于此。……

譬之若为宫室必任巧匠。……巧匠之宫室己成，不知巧匠而皆曰，"善，此某君某王之宫室也"。此不可不察也。（《分职》）

我们看了这种议论，可以知道《吕氏春秋》虽然采用自然主义者的无知无为论，却仍回到一种虚君的丞相制，也可以说是虚君的责任内阁制。君主无知无事，故不负责任，所谓"块不失道"，即是虚君立宪国家所谓"君主不会做错事"，不躬亲政事，故不会做错事。政事的责任全在丞相身上。《君守》篇所谓"当与得不在于君而在于臣"是也。慎到是纯粹法治家，故说"无用贤圣,夫块不失道"。但《吕氏春秋》的作者是代一个丞相立言,故有时虽说"正名",有时虽说"任数",却终不能不归到信任贤相,所谓"为宫室必任巧匠,匠不巧则宫室不善"。君主是世袭的,位固定而人不必皆贤。丞相大臣是选任的,位不固定而可以选贤与能。故说:

> 凡为善难,任善易。奚以知之?人与骥俱走,则人不胜骥矣。居于车上而任骥,则骥不胜人矣。人主好治人官之事,则是与骥俱走也,必多所不及矣。夫人主亦有居车,无去车,则众善皆尽力竭能矣。(《审分》)

> 有司请事于齐桓公,桓公曰,"以告仲父"。有司又请,公曰,"告仲父"。若是三。习者曰,"一则仲父,二则仲父,易哉为君!"桓公曰,"吾未得仲父则难。已碍仲父之后,曷为其不易也?"(《任数》)

这是虚君的丞相制。《勿躬》篇又说管仲推荐宁遬为大田,隰朋为大行,东郭牙为大谏臣,王子城父为大司马,弦章为大理,

> 桓公曰,善,令五子皆任其事,以受令于管子。十年,九合诸侯,一匡天下,皆夷吾与五子之能也。

这是虚君的责任内阁制。大臣受令于丞相,丞相对君主负责任,这种制度似乎远胜于君主独裁制了。但在事实上,谁也不能叫君主实行无知无为,这是一大困难。丞相受任于君主,谁也不能叫他必任李斯而不任赵高,这是二大困难。一切理想的虚君论终没有法子冲破这两大难关,所以没有显著的成绩可说。猫颈上挂串铃儿,固然于老鼠有大利益,但叫谁去挂这串铃呢?后世的虚君内阁制所以能有成效,都是因为实权早已不在君主手里了。

我在上文曾指出《吕氏春秋》不信任民众的知识能力,故不主张民主政治,而主张虚君之下的贤能政治。但《吕氏春秋》的政治主张根本在于重民之生,达民之欲,要令人得欲无穷,这里

确含有民主政治的精神。所以此书中极力提倡直言极谏的重要，认为宣达民人欲望的唯一方法，遂给谏官制度建立一个学理的基础。《达郁》篇说：

> 凡人三百六十节，九窍，五藏，六府，肌肤欲其比（高注，比犹致也。毕沅注，谓致密）也，血脉欲其通也，筋骨欲其固也，心志欲其和也，精气欲其行也。若此，则病无所居，而恶无由生矣。病之留，恶之生也，精气郁也。故水郁则为污，树郁则为蠹，草郁则为蕢。（毕沅引梁履绳说，《续汉书·郡国志》三注引《尔雅》"未立死曰蕢"，又引此"草郁即为蕢"，疑蕢本是䔈字，即蕢也，因形近而讹。）国亦有郁。生德不通，民欲不达，此国之郁也。国郁处久则百恶并起而万灾丛至矣。上下之相忍也，由此出矣。故圣王之贵豪士与忠臣也，为其敢直言而决郁塞也。

此下引召公谏周厉王的话：

> 防民之口，甚于防川。川壅而溃，败人必多。夫民犹是也。是故治川者决之使导，治民者宣之使言。是故天子听政，使公卿列士正谏，好学博闻献诗，箴，师诵，庶人传语，近臣尽规，亲戚补察，而后王斟酌焉。是以下无遗善，上无过举。（此文又见《国语》，文字稍不同）

《自知》篇说：

> 欲知平直，则必准绳；欲知方圆，则必规矩。人主欲自知，则必直士。故天子立辅弼，设师保，所以举过也。夫人固不能自知，人主独甚。尧有欲谏之鼓，舜有诽谤之木，汤有司过之士，武王有戒慎之铭，犹恐不能自知。今贤非尧舜汤武也，而有掩蔽之道，奚由自知哉？……范氏之亡也，百姓有得钟者，欲负而走，则钟大不可负；以椎毁之，钟况然有音。恐人闻之而夺己也，遽掩其耳。恶人闻之，可也。恶己自闻之，悖矣。为人主而恶闻其过，非犹此耶？

这都是直言极谏的用处：达民欲，决郁塞，闻过失，都可以补救君王政治的缺点。中国古来有这个直言极谏的风气，史传所记的直谏故事不可胜举，最动人的莫如《吕氏春秋》所记葆申笞责楚文王的故事：

> 荆文王得茹黄之狗，宛路之矰，以畋于云梦，三月不反；得丹之姬，淫期年不听朝。葆申曰，"先王卜以臣为葆，吉。（《说苑》引此事，葆作保。保即是保傅，申是人名。）今王得茹黄之狗，宛路之矰，畋三月不反；得丹之姬，淫期年不听朝：王之罪当笞。"
>
> 王曰，"不谷免衣襁褓而齿于诸侯，愿请变更而无笞。"
>
> 葆申曰，"臣承先王之令，不敢废也。王不受笞，是废先王之令也。臣宁抵罪于王，毋抵罪于先王。"
>
> 王曰，"敬诺。"
>
> 引席，王伏，葆申束细荆五十，跪而加之于背，如此者再。谓王"起矣！"
>
> 王曰，"有笞之名一也，遂致之。"（既然打了，爽性有力打罢！）申曰，"臣闻'君子，耻之；小人，痛之'。耻之不变，痛之何益？"葆申趣出，自流于渊，请死罪。
>
> 文王曰，"此不谷之过也，葆申何罪？"
>
> 王乃变更，召葆申，杀茹黄之狗，折宛路之矰，放丹之姬。（《直谏》）

这一类的故事便是谏诤制度的历史背景。御史之官出于古之"史"，而巫祝史卜同是宗教的官，有宗教的尊严。春秋时代，齐之太史直书崔杼弑君，兄弟相继被杀而不肯改变书法；晋之太史董狐直书赵盾弑君，而赵氏不敢得罪他。史官后来分化，一边仍为记事之史，而执掌天文星占之事，仍有一点宗教的权威；一边便成为秦以下的御史，便纯粹是谏官了。葆申故事里说先王卜他为保，故他能代表先王，这里面也含有宗教的权威。古代社会中有了这种历史背景，加上自觉的理论，故谏官制度能逐渐演进，成为裁制君权的最重要制度。

### 三　《吕氏春秋》与李斯

我在前面曾说《吕氏春秋》也许有李斯的手笔，这虽是一种臆测，然而此书的政治思想有"不法先王"的议论，上承荀卿"法后王"的思想，而下合李斯当国时的政策，李斯与韩非同是荀卿的弟子，而在这一点历史进化的见解上他们的主张完全相同，这大概不是偶然的事吧？试看《吕氏春秋》说：

上胡不法先王之法？非不贤也，为其不可得而法。先王之法，经乎上世而来者也，人或益之，人或损之，胡可得而法？

虽人弗损益，犹若不可得而法。东夏之命（东是东部，秦在西部，故自称夏而称余国为东），古今之法，言异而典殊，故古之命多不通乎今之言者，今之法多不合乎古之法者。殊俗之民有似于此。其所为欲同，其所为异。……先王之法胡可得而法？

虽可得，犹若不可法。凡先王之法，有要于时也。时不与法俱至，法虽今而至，犹若不可法。

故择（一作释）先王之成法，而法其所以为法。先王之所以为法者，何也？先王之所以为法者，人也。而己亦人也。故察己则可以知人，察今则可以知古。古今一也，人与我同耳。有道之士贵以近知远，以今知古，以所见知所不见。故审堂下之阴而知日月之行，阴阳之变；见瓶水之冰而知天下之寒，鱼鳖之藏也。（《察今》）

这里的"古今一也"之说最近于荀子的"古今一度也，类不悖，虽久同理"（《古代哲学史》第十一篇第二章二至三）。其实此说不够说明"不法先王"的主张，并且和"时不与法俱至"的话是恰相冲突的。如果真是"古今一也，人与我同耳"，先王之法何以不可得而法呢？何以还怕"时不与法俱至"呢？大概"法后王"之说出于荀卿，但荀卿所谓"法后王"并不含有历史演化的意义，只是说"文久而灭"，不如后王制度之粲然可考，既然古今同理，何必远谈那"久则论略"的先王制度呢？韩非、李斯一辈人虽然也主张"不法先王"，但他们似受了自然演化论的影响，应用到历史上去，成为一种变法的哲学，韩非所谓"世异则事异，事异则备变"，即是此书所谓"有要于时，时不与法俱至"，这才是此书主张不法先王的真意义。（韩非的书流传入秦，史不记何年。《始皇本纪》说用李斯计攻韩在始皇十年，其时始皇已读了韩非的书了。似韩非书传入秦国或在八年吕不韦著书之前。）这里偶然杂入了一句荀卿旧说，其实不是著书者的本意。试看此篇下文云：

  荆人欲袭宋，使人先表澭水（表是测量）。澭水暴益，荆人勿知，循表而夜涉，溺死者千有余人。……向其先表之时，可导也。今水已变而益多矣，荆人尚犹循表而导之，此所以败也。

  今世之主法先王之法也，有似于此。其时已与先王之法亏矣，而曰，"此先王之法也"，而法之以为治，岂不悲哉？

  故治国无法则乱，守法而弗变则悖。悖乱不可以持国。世易时移，变法宜矣。譬之若良医，病万变，药亦万变。病变而药不变，向之寿民今变为殇子矣。故凡举事必循法以动，变法者因时而化。若此论则无过举矣。

  夫不敢议法者，众庶也。以死守[法]者，有司也。因时变法者，贤主也。是故有天下七十一圣，其法皆不同，非务相反也，时势异也。（《察今》）

这种变法的哲学最像韩非的《五蠹》篇，其根据全在一种历史演进的观念。此种观念绝非荀卿一辈主张古今虽久而同理的儒家所能造出，乃是从庄子一派的自然演化论出来的，同时又是那个国际竞争最激烈的时势的产儿。其时已有商鞅、赵武灵王的变法成绩，又恰有自然演变的哲学思想，故有韩非、李斯的变法哲学。《察今》篇中的表澭水的故事，说得何等感慨恳切。此故事和同篇的"刻舟求剑"的寓言，和韩非《五蠹》篇的"守株待兔"的寓言，命意都绝相同，很可以看出他们的思想渊源。韩非不得用于韩国，又不得用于秦国，终于死在李斯、姚贾手里。韩非虽死，他的变法的哲学却在李斯手里发生了绝大的影响。李斯佐秦始皇统一中国之后，废除封建制度，分中国为郡县，统一法度，画一度量衡，同一文字，都是中国有历史以来的绝大改革。后来因为博士淳于越等的反对新政，李斯上焚书的提议说：

五帝不相复，三代不相袭，各以治，非其相反，时变异也。
此与《察今》篇的"七十一圣"一段相同。议奏中又切责诸生"不师今而学古"，"语皆道古以害今"，又说"三代之事何足法也"，又有"以古非今者族"的严刑。这都是《五蠹》篇和《察今》篇的口气。究竟还是《吕氏春秋》采纳了韩非的思想来做《察今》篇呢？还是李斯借了吕不韦来发挥他自己的变法哲学呢？还是李斯不过实行了韩非的哲学呢？还是李斯、韩非同是时代的产儿，同有这种很相同的思想呢？——可惜我们现在已无法解答这些疑问了。

# 《老残游记》序

## 一　作者刘鹗的小传

《老残游记》的作者自己署名为"洪都百炼生";他的真姓名是刘鹗,字铁云。罗振玉先生的《五十日梦痕录》里有一篇《刘铁云传》,纪叙他的事实和人品都很详细;我们没有更好的材料,所以把这篇转录在这里:

　　罗振玉的《刘铁云传》

予之知有殷虚文字,实因丹徒刘君铁云。铁云,振奇人也,后流新疆以死。铁云交予久;其平生事实,不忍没之,附记其略于此。

君名鹗,生而敏异。年未逾冠,已能传其先德子恕观察(成忠)之学,精畴人术,尤长于治河。顾放旷不守绳墨,而不废读书。予与君同寓淮安;君长予数岁。予少时固已识君。然每于衢路闻君足音,辄逡巡避去,不欲与君接也。是时君所交皆井里少年;君亦薄世所谓规行矩步者,不与近。已乃大悔,闭户敛迹者岁余。以歧黄术游上海,而门可罗爵。则又弃而习贾;尽倾其资,乃复归也。

光绪戊子(1888年),河决郑州。君慨然欲有以自试,以同知往投效于吴恒轩中丞。中丞与语,奇之,颇用其说。君则短衣匹马，与徒役杂作；凡同僚所畏惮不能为之事，悉任之。声誉乃大起。河决既塞，中丞欲表其功绩，则让与其兄渭清观察（梦熊）而请归读书。中丞益异之。时方测绘三省黄河图，命君充提调官。河图成，时河患移山东，吾乡张勤果公（曜）方抚岱方。吴公为扬誉。勤果乃檄君往东河。

勤果故好客。幕中多文士，实无一能知河事者。群议方主贾让不与河争地之说，欲尽购滨河民地，以益河身。上海善士施少卿（善昌）和之，将移海内赈灾之款助官力购民地。君至则力争其不可，而主束水刷沙之说。草《治河七说》，上之。幕中文士力谋所以阻之，苦无以难其说。

时予方家居，与君不相闻也；忧当世之所以策治河者如是，乃著论五千余言，以明其利害，欲投诸施君，揭之报纸，以警当世。君之兄见而大韪之，录副寄君。君见予文，则大喜，乃以所为《治河七说》者邮君之兄以诒予，且附书曰："君之说与予合者十八九。群盲方竞，不意当世尚有明目如公者也！但尊论文章渊雅，非肉食者所能解。吾文直率如老妪与小儿语。中用王景名，幕僚且不知为何代人，乌能读扬、马之文哉？"时君之玩世不恭尚如此。

岁甲午（1894年），中东之役起，君方丁内艰归淮安，予与君相见，与君预测兵事。时诸军皆扼守山海关，以拱京师。予谓东人知我国事至熟，恐阳趋关门而阴捣旅、大以覆我海军，则我全局败矣。侪辈闻之，皆相非难。君之兄且引法、越之役法将语，谓旅、大难拔，以为之证。独君意与予合，忧旅、大且旦夕陷也。乃未久竟验。于是同侪皆举予与君齿，谓二人者智相等。狂亦相埒也。

君既服阕，勤果卒官，代之者福公（润），以奇才荐。乃征试于京师，以知府用。君于是慨然欲有所树立。留都门者二年，谓扶衰振敝当从兴造铁路始，路成则实业可兴，实业兴而国富，国富然后庶政可得而理也。上书请筑津镇铁路，当道颇为所动。事垂成，适张文襄公请修京、鄂线，乃罢京镇之议。

而君之志不少衰，投予书曰："蒿目时艰，当世之事百无一可为。近欲以开晋铁谋于晋抚，俾请于朝。晋铁开则民得养，而国可富也。国无素蓄，不如任欧人开之，我严定其制，令三十年而全矿路归我。如是，则彼之利在一时，而我之利在百世矣。"予答书曰："君请开晋铁，所以谋国者则是矣，而自谋则疏。万一幸成，而萋斐日集，利在国，害在君也。"君不之审。于是事成而君"汉奸"之名大噪于世。

庚子（1900年）之乱。刚毅奏君通洋，请明正典刑。以在沪上，幸免。时君方受廪于欧人，服用豪侈。予亟以危行远害规君。君虽韪之。不能改也。联军入都城，两宫西幸。都人苦饥，道殣相望。君乃挟资入国门，议振恤。适太仓为俄军所据，欧人不食米，君请于俄军，以贱价尽得之，粜诸民，民赖以安。君平生之所以惠于人者实在此事，而数年后柄臣某乃以私售仓粟罪君，致流新疆死矣。

当君说晋抚胡中丞奏开晋铁时，君名佐欧人，而与订条约，凡有损我权利者，悉托政府之名以拒之，故久乃定约。及晋抚入奏，言官乃交劾，廷旨罢晋抚，由总署改约。欧人乘机重贿当道，凡求之晋抚不能得者，至是悉得之，而晋矿之开乃真为国病矣。

……至于君既受廪于欧人，虽顾惜国权，卒不能剖心自明于人，在君乌得无罪？而其所以致此者，则以豪侈不能自洁之故，亦才为之累也。噫，以天生才之难，有才而不能用，执政之过也。怀才而不善自养。致杀身而丧名，吾又焉能不为君疚哉？书毕，为之长叹。

我们读了这篇传，可以想象刘鹗先生的为人了。他是一个很有见识的学者，同时又是一个很有识力和胆力的政客。当河南初发现甲骨文字的时候，许多学者都不信龟甲兽骨能在地中保存几千年之久。刘先生是最早赏识甲骨文字的一位学者。他的一部《铁云藏龟》要算是近年研究甲骨文字的许多著作的开路先锋。罗振玉先生是甲骨文字之学的大师；他也是因为刘先生的介绍方才去研究这些古物的。只可惜近二十年来研究甲骨文字的大进步是刘先生不及见的了。

刘鹗先生最自信的是他对于治河的主张。罗先生说他，在郑州河工上"短衣匹马，与徒役杂作"；我们读《老残游记》中描写黄河与河工的许多地方，也可以知道他的治河主张是从实地观察得来的。罗《传》中记刘先生在张曜幕府中辩论治河的两段也可以和《老残游记》相参证。张曜即是《游记》中的庄宫保。第三回中老残驳贾让"不与河争地"的主张，说：

贾让只是文章做得好，他也没有办过河工。

刘先生自己是曾在河工上"与徒役杂作"的，所以有驳贾让的资格了。当时张曜却已行过贾让的主张了。罗《传》中的施善昌大概即是《游记》第十四回的史观察。他的主旨载在第十四回里。这回试行"不与河争地"，"废了民埝，退守大堤"的结果是很可惨的。《游记》第十三回和第十四回在妓女翠环的口里，极力描写那回的惨劫很能教人感动。老残的结论是：

然创此议之人却也不是坏心，并无一毫为己私见在内；只因但会读书，不谙世故，举手动足便错。……岂但河工为然？天下大事坏于奸臣者十之三四，坏于不通世故之君子者倒有十分之六七也！（十四回）

刘先生自己主张王景的法子。老残说：

他（王景）治河的法子乃是从大禹一脉下来的，专主"禹抑洪水"的"抑"字。……他是从"播为九河,同为逆河"，"同"、"播"

两个字上悟出来的。(三回)

这就是罗《传》说的"束水刷沙"的法子。刘鹗先生自信此法是有大功效的,所以他在《游记》第一回楔子里说一段黄瑞和浑身溃烂的寓言。黄瑞和即是黄河,"每年总要溃几个窟窿;今年治好这个,明年别处又溃几个窟窿。"老残"略施小技","说也奇怪,这年虽然小有溃烂,却是一个窟窿也没有出过。"他说:

别的病是神农、黄帝传下来的方法,只有此病是大禹传下来的方法;后来唐朝有个王景得了这个传授,以后就没有人知道此方法了。这段话很可以看出他对于此法的信仰了。

我们拿罗振玉先生做的那篇传来和《老残游记》对照着看,可以知道这部小说里的老残即是刘鹗先生自己的影子。他号铁云,故老残姓铁。他是丹徒人,寄居淮安;老残是江南人,他的老家在江南徐州(三回)。罗《传》中说刘先生曾"以岐、黄术游上海,而门可罗爵";老残也会"摇个串铃,替人治病,奔走江湖近二十年"。最明显的是治河的主张;在这一方面老残完全是刘鹗,毫没有什么讳饰。

刘鹗先生一生有四件大事:一是河工,二是甲骨文字的承认,三是请开山西的矿,四是贱买太仓的米来赈济北京难民。为了后面的两件事,他得了许多毁谤。太仓米的案子竟叫他受充军到新疆的刑罚,然而知道此事的人都能原谅他,说他无罪。只有山西开矿造路的一案,当时的人很少能了解他的。他的计划是要"严定其制,令三十年而全矿路归我。如是则彼之利在一时,而我之利在百世矣"。这种办法本是很有远识的。但在那个昏愦的时代,远见的人都逃不了惑世误国的罪名,于是刘先生遂被人叫做"汉奸"了。他的老朋友罗振玉先生也不能不说:"君既受廪于欧人,虽顾惜国权。卒不能剖心自明于人,在君乌得无罪?"一个知己的朋友尚且说他乌得无罪,何况一般不相知的众人呢?

《老残游记》的第一回"楔子"便是刘先生"剖心自明于人"的供状。这一回可算得他的自叙或自传。老残同了他的两个至友德慧生与文章伯——他自己的智慧、道德、文章，——在蓬莱阁上眺望天风海水，忽然看见一只帆船"在那洪波巨浪之中，好不危险"。那只帆船便是中国。

　　船主坐在舵楼之上，楼下四人专管转舵的事。前后六枝桅杆，挂着六扇旧帆；又有两枝新桅，挂着一扇簇新的帆，一扇半新不旧的帆。

四个转舵的是军机大臣，六枝旧桅是旧有的六部，两枝新桅是新设的两部。

　　这船虽有二十三四丈长，却是破坏的地方不少；东边有一块。约有三丈长短，已经破坏，浪花直灌进去；那旁，仍在东边，又有一块，约长一丈，水波亦渐渐浸入；其余的地方，无一处没有伤痕。

二十三四丈便是二十三四个行省与藩属。东边那三丈便是东三省；还有那东边一丈便是山东。

　　那八个管帆的却是认真地在那里管，只是各人管各人的帆，仿佛在八只船上似的，彼此不相关照。那水手只管在那坐船的男男女女队里乱窜，不知所做何事。用远镜仔细看去，方知道他在那里搜他们男男女女所带的干粮，并剥那些人身上穿的衣服。老残和他的朋友看见这种怪现状，气得不得了。德慧生和文章伯问老残怎样去救他们，老残说：

　　依我看来，驾驶的人并未曾错，只因两个缘故，所以把这船就弄得狼狈不堪了。怎么两个缘故呢？一则他们是走"太平洋"的，只会过太平日子。若遇风平浪静的时候，他驾驶的情状亦有操纵自如之妙，不意今日遇见这大的风浪，所以都毛了手脚。二则他们未曾预备方针，平常晴天的时候，照着老法子去走，又有日月

气质

星辰可看，所以南北东西尚还不大很错。这就叫做"靠天吃饭"。哪知遇了这阴天，日月星辰都被云气遮了，所以他们就没了依傍。心里不是不想望好处去做。只是不知东南西北，所以越走越错。为今之计，依章兄法子驾只渔艇追将上去，他的船重，我们的船轻，一定追得上的。到了之后，送他一个罗盘，他有了方向，便会走了。再将这有风浪与无风浪时驾驶不同之处告知船主，他们依了我们的话，岂不立刻就登彼岸了吗？

这就是说，习惯的法子到了这种危险的时候就不中用了，须有个方针，认清了方向，做个计划，方才可行。老残提议要送给他们"一个最准的向盘，一个纪限仪并几件行船要用的物件"。

但是他们赶到的时候，就听见船上有人在那里演说，要革那个掌舵的人的命。老残是不赞成革命的，尤其不赞成那些"英雄只管自己敛钱，叫别人流血的"。他们跳上船，把向盘纪限仪等项送给大船上的人。

正在议论，哪知那下等水手里面忽然起了咆哮，说道："船主！船主！千万不可为这人所惑！他们用的是外国向盘。一定是洋鬼子差遣来的汉奸！他们是天主教！他们将这只大船已经卖与洋鬼子了，所以才有这个向盘！请船主赶紧将这三人绑去杀了，以除后患；倘与他们多说几句话，再用了他的向盘，就算收了洋鬼子的定钱，他就要来拿我们的船了！"

谁知这一阵嘈嚷，满船的人俱为之震动。就是那演说的英雄豪杰也在那里喊道："这是卖船的汉奸！快杀！快杀！"

船主舵工听了，俱犹疑不定。内中有一个舵工，是船主的叔叔，说道："你们来意甚善，只是众怒难犯，赶快去罢。"

三人垂泪，赶忙回了小船。哪知大船上人，余怒未息，看三人上了小船，忙用被浪打碎了的断桩破板打下船去。你想，一只小小渔船怎禁得几百个人用力乱砸？顷刻之间，将那渔船打得粉碎,看着沉下海中去了。

刘先生最伤心的是"汉奸"的喊声不但起于那些"下等水手"里面,并且出于那些"演说的英雄豪杰"之口!一班"英雄豪杰"只知道鼓吹革命是救国,而不知道献向盘与纪限仪也是救国,冒天下之大不韪来借债开矿造铁路也是救国!所以刘鹗"汉奸"的罪是决定不可改的了,他该充军了,该死在新疆了。

## 二 《老残游记》里的思想

《老残游记》有光绪丙午(1906年)的自叙,作者自述这部书是一种哭泣,是一种"其力甚劲,其行弥远,不以哭泣为哭泣"的哭泣。他说:

> 吾人生今之时,有身世之感情,有家国之感情,有社会之感情,有种教之感情。其感情愈深者,其哭泣愈痛;此洪都百炼生所以有《老残游记》之作也。棋局已残,吾人将老,欲不哭泣也得乎?

这是很明显地说,这部小说是作者发表他对于身世,家国,种教的见解的书。一个倜傥不羁的才士,一个很勇于事功的政客,到头来却只好做一部小说来寄托他的感情见解,来代替他的哭泣:这是一种很可悲哀的境遇,我们对此自然都有无限的同情。所以我们读《老残游记》应该先注意这书里发挥的感情见解,然后去讨论这书的文学技术。

《老残游记》二十回只写了两个酷吏:前半写一个玉贤,后半写一个刚弼。此书与《官场现形记》不同:《现形记》只能摭拾官场的零星罪状,没有什么高明或慈祥的见解;《游记》写官吏的罪恶,始终认定一个中心的主张,就是要指出所谓"清官"之可怕。作者曾自己说:

> 赃官可恨,人人知之;清官尤可恨,人多不知。盖赃官自知

有病，不敢公然为非；清官则自以为不要钱，何所不可，刚愎自用，小则杀人，大则误国。吾人亲目所见，不知凡几矣。试观徐桐、李秉衡，其显然者也。廿四史中，指不胜屈。作者苦心愿天下清官勿以不要钱便可任性妄为也。历来小说皆揭赃官之恶；有揭清官之恶者，自《老残游记》始。（十六回原评）

这段话是《老残游记》的中心思想。清儒戴东原曾指出，宋明理学的影响养成一班愚陋无用的理学先生，高谈天理人欲之辨，自以为体认得天理，其实只是意见；自以为意见不出于自私自利便是天理，其实只是刚愎自用的我见。理是客观的事物的条理，须用虚心的态度和精密的方法，方才寻得出。不但科学家如此，侦探访案，老吏折狱，都是一样的。古来的"清官"，如包拯之流，所以能永久传诵人口，并不是因为他们清廉不要钱，乃是因为他们的头脑子清楚明白，能细心考查事实，能判断狱讼，替百姓伸冤理枉。如果"清官"只靠清廉，国家何不塑几个泥像，雕几个木偶，岂不更能绝对不要钱吗？一班迂腐的官吏自信不要钱便可以对上帝，质鬼神了，完全不讲求那些搜求证据，研究事实，判断是非的法子与手段，完全信任他们自己的意见，武断事情，固执成见，所以"小则杀人，大则误国"。刘鹗先生眼见毓贤、徐桐、李秉衡一班人，由清廉得名，后来都用他们的陋见来杀人误国，怪不得他要感慨发愤，著作这部书，大声指斥"清官"的可恨可怕了。

《老残游记》最称赞张曜，但作者对于治河一案，也很有不满意于张曜的话。张曜起初不肯牺牲那夹堤里面几万家的生产，十几万的百姓，但他后来终于听信了幕府中人的话，实行他们的治河法子。《游记》第十四回里老残评论此事道：

创此议之人却也不是坏心，并无一毫为己私见在内；只因但会读书，不谙世故，举手动足便错。……岂但河工为然？天下大事坏于奸臣者十之三四，坏于不通世故之君子者倒有十分之六七也！

这不是很严厉的批评吗？

他写毓贤（玉贤），更是毫无恕词了。毓贤是庚子拳匪案里的一个罪魁，但他做山东曹州知府时，名誉很好，有"清官"、"能吏"之称。刘先生偏要描写他在曹州的种种虐政，预备留作史料。他写于家被强盗移赃的一案，上堂时，

玉大人拿了失单交下来，说："你们还有得说的吗？"于家父子方说得一声"冤枉"，只听堂上惊堂一拍，大嚷道："人赃现获，还喊冤枉？把他站起来！去！"左右差人连拖带拽拉下去了。（四回）

"站"就是受"站笼"的死刑。

这边值日头儿就走到公案面前，跪了一条腿，回道："禀大人的话：今日站笼没有空子，请大人示下。"那玉大人一听，怒道："胡说！我这两天记得没有站什么人，怎会没有空子呢？"值日差回道："只有十二架站笼，三天已满。请大人查簿子看。"

玉夫人一查簿子，用手在簿子上点着说："一，二，三，昨儿是三个。一，二，三，四，五，前儿是五个。一，二，三，四，大前儿是四个。没有空，倒也不错的。"差人又回道："今儿可否将他们先行收监？明天定有几个死的，等站笼出了缺，将他们补上，好不好？请大人示下。"

玉大人凝了一凝神，说道："我最恨这些东西！若要将他们收监，岂不是又被他多活了一天去了吗？断乎不行。你们去把大前天站的四个放下，拉来我看。"差人去将那四人放下，拉上堂去。大人亲自下案，用手摸着四人鼻子，说道："是还有点游气"。复行坐上堂去。说："每人打二千板子，看他死不死！"那知每人不消得几十板子，那四个人就都死了。

气 质

这是一个"清官"的行为!

后来于家老头子先站死了。于学礼的妻子吴氏跪倒在府衙门口,对着于学礼大哭一场,拔刀自刎了。这件事感动了三班差役,他们请稿案师爷去求玉大人把她的丈夫放了,"以慰烈妇幽魂"。玉大人笑道:

你们倒好!忽然的慈悲起来了!你会慈悲于学礼,你就不会慈悲你主人吗?……况这吴氏尤其可恨:他一肚子觉得我冤枉了他一家子!若不是个女人,他虽死了,我还要打他二千板子出出气呢!

于是于家父子三人就都死在站笼里了。

刚弼似是一个假名。只借"刚愎"的字音,却不影射什么人。贾家的十三条命案也是臆造出来的。故出事的地方名叫齐东镇,"就是周朝齐东野人的老家";而苦主两家,一贾,一魏,即是假伪的意思。这件命案太离奇了,有点"超自然"的色彩,可算是这部书的一个缺点。但其中描写那个"清廉得格登登的"刚弼,却有点深刻的观察。魏家不合请一位糊涂的胡举人去行贿,刚弼以为行贿便是有罪的证据,就严刑拷问贾魏氏。她熬刑不过,遂承认谋害了十三命。

白子寿复审的一回(十八回)只是教人如何撇开成见,研究事实,考察证据。他对刚弼说:

老哥所见甚是。但是兄弟……此刻不敢先有成见。像老哥聪明正直,凡事先有成竹在胸,自然投无不利。兄弟资质甚鲁,只好就事论事,细意推求,不敢说无过,但能寡过已经是万幸了。

"凡事先有成竹在胸",这是自命理学先生刚愎自用的态度。"就事论事,细意推求",这是折狱老吏的态度,是侦探家的态度,也就是科学家寻求真理的态度。

复审的详情,我们不用说了。定案之后,刚弼还不明白魏家

既无罪何以肯花钱。他说:"卑职一生就没有送过人一个钱。"白公呵呵大笑道:

老哥没有送过人的钱,何以上台也会契重你?可见天下人不全是见钱眼开的哟。清廉人原是最令人佩服的,只有一个脾气不好,他总觉得天下人都是小人,只他一个人是君子。这个念头最害事的,把天下大事不知害了多少!老兄也犯这个毛病,莫怪兄弟直言。至于魏家花钱,是他乡下人没见识处,不足为怪也。

有人说:李伯元做的是《官场现形记》,刘铁云做的是做官教科书。其实"就事论事,细意推求",这八个字何止是做官教科书?简直是做学问做人的教科书了。

我的朋友钱玄同先生曾批评《老残游记》中间桃花山夜遇玙姑、黄龙子的一大段(八回至十二回)神秘里夹杂着不少旧迷信,他说刘鹗先生究竟是"老新党头脑不清楚"。钱先生的批评固然是很不错的。但这一大段之中却也有一部分有价值的见解,未可完全抹煞。就是那最荒谬的部分也可以考见一个老新党的头脑,也未尝没有史料的价值。我们研究思想史的人,一面要知道古人的思想高明到什么地步,一面也不可不知道古人的思想昏谬到什么地步。

《老残游记》里最可笑的是"北拳南革"的预言。一班昏乱糊涂的妄人推崇此书,说他"关心治乱。推算兴亡,秉史笔而参易象之长"(坊间伪造四十回本《老残游记》钱启猷序);说他"于笔记叙事之中,具有推测步算之妙,较《推背图》、《烧饼歌》诸数书尤见明晰"(同书胶州傅幼圃序)。这班妄人的妄言,本不值一笑。但这种"买椟还珠"的谬见未免太诬蔑这部书了,我们不能不说几句辨正的话。

此书作于庚子乱后,成于丙午年,上距拳匪之乱凡五年,下距辛亥革命也只五年。他说拳祸,只是追记,不是预言。他说革命,也只是根据当时的趋势，作一种推测，也算不得预言。不过刘鹗先生把这话放在黄龙子的口里，加上一点神秘的空气，不说是事理上的推测，却用干支来推算，所以装出预言的口气来了。若作预言看，黄龙子的推测完全是错的。第一，他只看见甲辰（1904年）的变法，以为科举的废止和五大臣出洋等事可以做到一种立宪的君主政治，所以他预定甲寅（1914年）还有一次大变法，就是宪政的实行。"甲寅之后，文明大著，中外之猜嫌，满、汉之疑忌，尽皆销灭。"这一点他猜错了。第二，他猜想革命至庚戌（1910年）而爆发，庚戌在辛亥革命前一年，这一点他几乎猜中。然而他推算庚戌以后革命的运动便"潜消"了，这又大错了。第三，他猜测"甲寅以后为文明华敷之世，……直至甲子（1924年）为文明结实之世。可以自立矣"。这一点又大错了。

总之，《老残游记》的预言无一不错。这都是因为刘先生根本不赞成革命，"北拳南革都是阿修罗部下的妖魔鬼怪"，运动革命的人"不有人灾，必有鬼祸"，——他存了这种成见，故推算全错了。然而还有许多妄人把这书当作一部最灵的预言书！妄人之妄，真是无药可医的！

然而桃花山中的一夕话也有可取之处。玙姑解说《论语》"攻乎异端"一句话，说"端"字当"起头"讲，执其两端是说执其两头；她批评"后世学儒的人，觉得孔孟的道理太费事，不如弄两句辟佛老的口头禅，就算是圣人之徒。……孔孟的儒教被宋儒弄的小而又小，以至于绝了"（九回）。这话虽然表示作者缺乏历史眼光，却也可以表示作者怀疑的态度。后来

子平闻了，连连赞叹，说："今日幸见姑娘，如对明师！但是宋儒错会圣人意旨的地方，也是有的，然其发明正教的功德，亦不可及。即如'理'、'欲'二字，'主敬'、'存诚'等字，虽皆是古圣之言，一经宋儒提出，后世实受惠不少。人心由此而正，风俗

由此而醇。"

那女子嫣然一笑，秋波流媚，向子平睇了一眼。子平觉得翠眉含娇，丹唇启秀；——又似有一阵幽香沁入肌骨，不禁神魂飘荡。那女子伸出一双白如玉软如棉的手来，隔着炕桌子，握着子平的手，握住了之后，说道："请问先生：这个时候比你少年在书房里贵业师握住你手'扑作教刑'的时候何如？"

子平默无以对。女子又道："凭良心说，你此刻爱我的心，比爱贵业师何如？圣人说的，'所谓诚其意者，毋自欺也。如恶恶臭，如好好色。'孔子说：'好德如好色。'孟子说：'食色，性也。'子夏说：'贤贤易色。'这好色乃人之本性。宋儒要说好德不好色，非自欺而何？自欺欺人，不诚极矣！他偏要说'存诚'，岂不可恨！圣人言情言礼，不言理欲，删诗以《关雎》为首。试问'窈窕淑女，君子好逑'，'求之不得'，至于'辗转反侧'，难道可以说这是天理，不是人欲吗？举此可见圣人决不欺人处。《关雎》序上说道：'发乎情，止乎礼义。'发于情，是不期然而然的境界。即如今夕嘉宾惠临，我不能不喜，发乎情也。先生来时，甚为困惫，又历多时，宜更惫矣，乃精神焕发，可见是很喜欢，如此亦发乎情也。以少女中男，深夜对坐，不及乱言，止乎礼义矣。此正合圣人之道。若宋儒之种种欺人，口难罄述。然宋儒固多不是，然尚有是处；若今之学宋儒者，直乡愿而已，孔孟所深恶而痛绝者也！"（九回）这是很大胆的批评。宋儒的理学是从中古的宗教里滚出来的。中古的宗教——尤其是佛教——排斥肉体，禁遏情欲，最反乎人情，不合人道。宋儒用人伦的儒教来代替出世的佛教，固然是一大进步。然而宋儒在不知不觉之中受了中古禁欲的宗教的影响，究竟脱不了那排斥情欲的根本态度，所以严辨"天理"、"人欲"的分别，所以有许多不人道的主张。戴东原说宋儒的流弊遂使后世儒者"以理杀人"；近人也有"吃人的礼教"的名言，这都不算过当的判断。

刘鹗先生做这部书，写两个"清官"自信意见不出于私欲，遂固执自己的私见，自以为得理之正，不惜杀人破家以执行他们心目中的天理：这就是"以理杀人"的具体描写。玙姑的一段话也只是从根本上否认宋儒的理欲之辨。她不惜现身说法，指出宋儒的自欺欺人，指出"宋儒之种种欺人，口难罄述"。这虽是一个"头脑不清楚"的老新党的话，然而在这一方面，这位老新党却确然远胜于今世恭维宋明理学为"内心生活"、"精神修养"的许多名流学者了。

### 三　《老残游记》的文学技术

但是《老残游记》在中国文学史上的最大贡献却不在于作者的思想，而在于作者描写风景人物的能力。古来做小说的人在描写人物的方面还有很肯用气力的；但描写风景的能力在旧小说里简直没有。《水浒传》写宋江在浔阳楼题诗一段要算很能写人物的了；然而写江上风景却只有"江景非常，观之不足"八个字。《儒林外史》写西湖只说"真乃五步一楼，十步一阁；一处是金粉楼台，一处是竹篱茅舍；一处是桃柳争妍，一处是桑麻遍野"。《西游记》与《红楼梦》描写风景也都只是用几句滥调的四字句，全无深刻的描写。只有《儒林外史》的第一回里有这么一段：

王冕放牛倦了，在绿草地上坐着。须臾，浓云密布，一阵大雨过了，那黑云边上镶着白云，渐渐散去，透出一派日光来，照耀得满湖通红。湖边山上，青一块，紫一块，绿一块。树枝上都像水洗过一番的，尤其绿得可爱。湖里有十来枝荷花，苞子上清水滴滴，荷叶上水珠滚来滚去。

在旧小说里，这样的风景画可算是绝无而仅有的了。旧小说何以这样缺乏描写风景的技术呢？依我的愚见看来，有两个主要的原因。第一是由于旧日的文人多是不出远门的书生,缺乏实物实景的观察,所以写不出来,只好借现成的词藻充充数。这一层容易明白,不用详细说明了。第二,我以为这还是因为语言文字上的障碍。写一个人物,如鲁智深,如王凤姐,如成老爹,古文里的种种滥调套语都不适用,所以不能不用活的语言,新的词句,实地作描写的功夫。但一到了写景的地方,骈文诗词里的许多成语便自然涌上来,挤上来,摆脱也摆脱不开,赶也赶不去。人类的性情本来多是趋易避难,朝着那最没有抵抗的方向走的;既有这许多现成的语句,现成的字面,何必不用呢?何苦另去铸造新字面和新词句呢?我们试读《红楼梦》第十七回贾政父子们游大观园的一大段里,处处都是用这种现成的词藻,便可以明白这种心理了。

《老残游记》最擅长的是描写的技术,无论写人写景,作者都不肯用套语滥调,总想熔铸新词,作实地的描画。在这一点上,这部书可算是前无古人了。

刘鹗先生是个很有文学天才的人;他的文学见解也很超脱。《游记》第十三回里他借一个妓女的嘴骂那些滥调套语的诗人。翠环道:

我在二十里铺的时候,过往的客人见的很多,也常有题诗在墙上的。我最喜欢请他们讲给我听。听来听去,大约不过这个意思。……因此我想,做诗这件事是很没有意思的,不过造些谣言罢了。

奉劝世间许多爱做诗的人们, 千万不要为二十里铺的窑姐所笑!

刘鹗先生的诗文集,不幸我们没有见过。《游记》有他的三首诗。第八回里的一首绝句,嘲讽聊城杨氏海源阁(书中改称东昌府柳家)的藏书,虽不是好诗,却也不是造谣言的。第六回里的一首五言律诗,专咏玉贤的虐政,有"杀民如杀贼,太守是元戎"的话，可见他作旧律诗也还能发议论。第十二回里的一首五古，写冻河的情景，前六句云：

地裂北风号，长冰蔽河下。后冰逐前冰，相陵复相亚。河曲易为塞，嵯峨银桥架。

这总算是有意写实了。但古诗体的拘束太严了，用来写这种不常见的景物是不会满人意的。试把这六句比较这一段散文的描写：

老残洗完了脸，把行李铺好，把房门锁上，也出来步到河堤上看，见那黄河从西南上下来；到此却正是[河]的湾子，过此便向正东去了。河面不甚宽，两岸相距不到二里。若以此刻河水而论，也不过百把丈宽的光景。只是面前的冰插的重重叠叠的，高出水面有七八寸厚。再往上游走了一二百步，只见那上流的冰还一块一块的漫漫作来，到此地被前头的拦住，走不动，就站住了。那后来的冰赶上他，只挤得嗤嗤作响。后冰被这溜水逼的紧了，就窜到前冰上头去。前冰被压就渐渐低下去了。看那河身不过百十丈宽。当中大溜约莫不过二三十丈。两边俱是平水。这平水之上早已有冰结满。冰面却是平的，被吹来的尘土盖住，却像沙滩一般。中间的一道大溜却仍然奔腾澎湃，有声有势，将那走不过去的冰挤的两边乱窜。那两边平水上的冰被当中乱冰挤破了，往岸上跑。那冰能挤到岸上有五六尺远。许多碎冰被挤的站起来，像个小插屏似的。看了有点把钟功夫，这一截子的冰又挤死不动了。

这样的描写全靠有实地的观察作根据。刘鹗先生自己评这一段道：

止水结冰是何情状？流水结冰是何情状？小河结冰是何情状？大河结冰是何情状？河南黄河结冰是何情状？山东黄河结冰是何情状？须知前一卷所写是山东黄河结冰。（十三回原评）

这就是说，不但人有个性的差别，景物也有个性的差别。我们若不能实地观察这种种个性的分别，只能有笼统浮泛的描写，决不能有深刻的描写。不但如此，知道了景物各有个性的差别，我们就应该明白：因袭的辞章套语决不够用来描写景物，因为套语总是浮泛的，笼统的，不能表现某地某景的个别性质。我们能了解这段散文的描写何以远胜那六句五言诗，便可以明白白话文学的真正重要了。

《老残游记》里写景的部分也有偶然错误的。蔡子民先生曾对我说，他的女儿在济南时，带了《老残游记》去游大明湖，看到第二回写铁公祠前千佛山的倒影映在大明湖里，她不禁失笑。千佛山的倒影如何能映在大明湖里呢？即使三十年前大明湖没有被芦田占满，这也是不可能的事。大概作者有点误记了罢？

第二回写王小玉唱书的一大段是《游记》中最用气力的描写：

王小玉便启朱唇，发皓齿，唱了几句书儿。声音初不甚大，只觉入耳有说不出来的妙境：五脏六腑里像熨斗熨过，无一处不伏贴；三万六千个毛孔，像吃了人参果，无一个毛孔不畅快。唱了十数句之后，渐渐地越唱越高，忽然拔了一个尖儿，像一线钢丝抛入天际，不禁暗暗叫绝。那知他于那极高的地方，尚能回环转折。几转之后，又高一层，接连有三四叠，节节高起，恍如由傲来峰西面攀登泰山的景象：初看傲来峰削壁千仞，以为上与天通，及至翻到傲来峰顶，才见扇子崖更在傲来峰上；及至翻到扇子崖，又见南天门更在扇子崖上，——愈翻愈险，愈险愈奇！那王小玉唱到极高的三四叠后，陡然一落，又极力骋其千回百折的精神，如一条飞蛇在黄山三十六峰半中腰里盘旋穿插，顷刻之间，周匝数遍。从此以后，愈唱愈低，愈低愈细，那声音渐渐地就听不见了。满园子的人都屏气凝神，不敢稍动。约有两三分钟之久，仿佛有一点声音从地底下发出。这一出之后，忽又扬起，像放那东洋烟火，一个弹子上天，随化作千百道五色火光，纵横散乱。这一声飞起，即有无限声音俱来并发。那弹弦子的亦全用轮指，忽大忽小，同他那声音相和相合，有如花坞春晓，好鸟乱鸣。耳朵忙不过来，不晓得听那一声的为是。正在撩乱之际，忽听霍然一声，人弦俱寂。这时台下叫好之声轰然雷动。

这一段写唱书的音韵，是很大胆的尝试。音乐只能听，不容易用文字写出，所以不能不用许多具体的物事来作譬喻。白居易、欧阳修、苏轼都用过这个法子。刘鹗先生在这一段里连用七八种不同的譬喻，用新鲜的文字，明了的印象，使读者从这些逼人的印象里感觉那无形象的音乐的妙处。这一次的尝试总算是很成功的了。

《老残游记》里写景的好文字很多，我最喜欢的是第十二回打冰之后的一段：

抬起头来看那南面的山，一条雪白，映着月光分外好看。一层一层的山岭却不大分辨得出。又有几片白云夹在里面，所以看不出是云是山，及至定神看去，方才看出那是云那是山来。虽然云也是白的，山也是白的；云也有亮光，山也有亮光，只因为月在云上，云在月下，所以云的亮光是从背面透过来的。那山却不然，山上的亮光是由月光照到山上，被那山上的雪反射过来，所以光是两样子的。然只就稍近的地方如此，那山往东去，越望越远，渐渐的天也是白的，山也是白的，云也是白的，就分辨不出甚么来了。

这种白描的功夫真不容易学。只有精细的观察能供给这种描写的底子；只有朴素新鲜的活文字能供给这种描写的工具。

民国八年（1919年）上海有一家书店忽然印出一部号称"全本"的《老残游记》，凡上下两卷，上卷即是原本二十回；下卷也是二十回，说是"照原稿本加批增注"的。书尾有"著述于清光绪丙申年山东旅次"一行小字。这便是作伪的证据。丙申（1896年）在庚子前五年，而著者原序的年月是丙午之秋，岂不是有意提早十年，要使"北拳南革"都成预言吗？

四十回本之为伪作，绝对无可疑。别的证据且不用谈，单看后二十回写老残游历的许多地方，可有一处有像前二十回中的写景文章吗？看他写泰安道上

一路上柳绿桃红，春光旖旎；村居野妇联袂踏青；红杏村中，风飘酒帜；绿杨烟里，人戏秋千；或有供麦饭于坟前，焚纸钱于陌上。

列位看官在《老残游记》前二十回里可曾看见这样丑陋的写景文字吗？这样大胆妄为的作伪小人真未免太侮辱刘鹗先生了！真未免太侮辱社会上读小说的人们了！

## 四 尾声

今年我作《三侠五义》序的时候，前半篇已付排了，后半篇还未脱稿。上海有一位女士，从她的未婚夫那边看见前半篇的排样，写信来和我讨论《三侠五义》的标点。她提出许多关于标点及考证的问题；她的热诚和细心都使我十分敬仰。她的未婚夫——一位有志气的少年，——投身在印刷局里做校对，所以她有机会先读亚东标点本的各种小说的校样。她给我做了许多校勘表。我们通了好几次的信。6月以后，她忽然没有信来了。我这回到了上海，就写信给她，问她什么时候我可以去看她和她的未婚夫。过了几天，她的未婚夫来看我，我才知道她已于7月8日病死了。这个消息使我好几天不愉快。我现在写这篇《老残游记》序，心里常常想到这篇序作成时那一位最热诚的读者早已不在人间了！所以我很诚敬地把这篇序贡献给这位不曾见过的死友，——贡献给龚羡章女士！

# 中国文学史的一个看法

兄弟今天到这里来讲演,觉得没有什么好题目。兹来讲讲"中国文学史的一个看法"。本来一个讲题,可以有几种看法。在未讲本题之前,先给诸位讲一件故事,有一不识字之裁缝者,供其子读书。一日,子从校中来信,此裁缝即请其左邻杀猪的代看。杀猪的即告裁缝道:这是你儿子要钱的信,上写"爸爸,没钱啦!拿钱来"。裁缝听了,非常懊丧生气,以为供子读书,连称呼礼法都没有了。旋又请其右邻之牧师来看。牧师看后,说道此信写得甚好。信上说:"父亲大人膝下……你老人家辛苦得来的钱,供我念书,非常不忍,不过现在买书交学费等,非用钱不可,盼你老人家多为难,儿子是很对不住的……"裁缝听了,笑逐颜开,赶紧给他儿子寄钱去了。

从此事看来,足见一件事,可以有几种看法,关于中国文学史,也有几种看法,第一种的看法:是牧师的看法,这种看法怎么样呢?他是从商周时代之最古文看起,到在春秋战国时,即有诸子百家之文章,代表那一时代的文学。到汉则以《史记》、《汉书》,做该时代文学之代表。到晋朝以后,又发生怪僻之文学,迄至唐朝,遂又复古,同时接受了前朝历代的遗留,由当代文人,加以许多点染,于是有《唐诗三百首》之创作,及"离骚"词赋,曲歌古文之类。当时文学作家中之捣乱分子,进行词曲等之创作,所谓词者,诗之语也,曲者,词之语也,然无论其创作如何,仅能做当代正统文学之附属品,而不能以之做为时代之代表。自唐宋而后,以至于元明清,甚至当代国学家之伪国国务总理郑孝胥之流,殆未出乎摹古之范围。以上这种看法,总是站在一条线上接连不断地来看中国文学史,这种看法,是牧师的看法,文绉绉的,实在看不出什么内容来。至于兄弟今天是采用杀猪的看法,且听兄弟道来:

文学史是有两种潮流,一种是只看到上层的一条线,一种是下层的潮流,下层潮流,又有无数的潮流,这下层的许多潮流,都会影响到上层去,上层文学是士大夫阶级的,他是贵族的、守旧的、保守的、仿古的、抄袭的,这种文学,我们就是不懂也没要紧。我们要懂中国整个文学史,必要从某时代的整个潮流玄看,现在的文学史,是比前时代扩大了,是由下层许多暗潮中看出来。诸位小姐太太们:凡是历代文学之新花样子,全是从老百姓中来的,假使没有老百姓在随时随地地创作文学上的新花样,早已变成"化石"了。

老百姓的文学是真诚朴素的,它完全是不加修饰的、自由的,从内心中发出各种的歌曲,例如:唐诗楚辞,汉之乐府,其内容无一不是老百姓中得来,所有文学,不过经文人之整理而已。尤其是每一时代之新文学,如五言、七言、词曲、歌谣、弹词、白话散文等,都是来自民间。

兄弟所谓杀猪的看法,就是不是文绉绉地从一条线上去看,而是粗野地把文学看成两个潮流,上层潮流是士大夫阶级的,下层文学的新花样皆从老百姓中得来。所谓文学潮流的新花样的形成,是经过四个时期:

第一时期是老百姓创作时期,与上层是毫无关系,在创作时期,是自由的,富于地方个人等特别风味,他是毫不模仿,而是随时随地的创作时期。

第二时期是从下层的创作，转移到上层的秘密过渡时期，当着老百姓的创作已经行了好久，渐渐吹到作家耳中，挑动了艺术心情，将民间盛行之故事歌谣小说等，加以点缀修改，匿名发行，此风一行，更影响到当代之名作家，由民间已流传许久之故事等，屡加修正、整理，于是风靡当世，当代文学潮流，为之掀动。

第三时期则因上等作家对新花样文学之采用，遂变成了正统文学中之一部分。

第四时期则为时髦时代，此时已失去了创作精神，而转为专尚模仿，因之花样不鲜，而老百姓却又在创作出新的。

我们根据近四十年来的新发现，才知道我们过去提倡白话文学胆太小了，还不够杀猪的资格，只要看敦煌石洞藏书中有许多白话文学，即可知其由来已早。大凡每一时期的潮流的到来，都是经过一极长的创作时期，例如《水浒传》、《西游记》等曾风行一时，而创作者更出多人之手，种类繁多，由此可知现行文学，皆由长时蜕化而来，所以我们必须以历史进化的眼光来看历史，由此可以得到以下三点教训：

（一）老百姓从劳苦中不断地创作出新花样的文学来，所谓"劳苦功高"，实在使我们佩服。

（二）有些古人高尚作家不受利欲熏诱，本艺术情感之冲动，忍不住美的文学之激荡，具脱俗、牺牲之精神。如施耐庵、曹雪芹之流，更应使我们欣佩。因为老百姓的作品，见解不深，描写不佳，暴露许多弱点，实赖此流一等作家完成之也。

（三）文学之作品，既皆从民间来，固云幸矣，然实亦幸中之大不幸，因为民间文学皆创之于无知无识之老百姓，自有许多幼稚，虚幻，神怪，不通之处，并且这种创作已经在民间盛行了好久，才影响到上层来，每每新创作被埋没下去，在西洋文学之创作权，概皆操之于作家之手，而中国则操之于民间无知之人，所以我说是幸中之不幸，深望知识阶级，负起创作文学之任务。

## 什么是文学？

### ——答钱玄同

我尝说："语言文字都是人类达意表情的工具；达意达得好，表情表得妙，便是文学。"

但是怎样才是"好"与"妙"呢？这就很难说了。我曾用最浅近的话说明如下："文学有三个要件：第一要明白清楚，第二要有力能动人，第三要美。"

因为文学不过是最能尽职的语言文字，因为文学的基本作用（职务）还是"达意表情"，故第一个条件是要把情或意，明白清楚地表出达出，使人懂得，使人容易懂得，使人决不会误解。请看下例：

蘘坞芝房，一点中池，生来易惊。笑金钗卜就，先能断决；犀珠镇后，才得和平。楼响登难，房空怯最，三斗除非借酒倾。芳名早，唤狗儿吹笛，伴取歌声。

沈忧何事牵情？悄不觉人前太息轻。怕残灯枕外，帘旌蝠拂；幽期夜半，窗户鸡鸣。愁髓频寒，回肠易碎，长是心头苦暗并。天边月，纵团栾如镜，难照分明。

这首《沁园春》是从《曝书亭集》卷二十八页八抄出来的。你是一位大学的国文教授，你可看得懂他"咏"的是什么东西吗？若是你还看不懂，那么，他就通不过这第一场"明白"（"懂得性"）的试验。它是一种玩意儿，连"语言文字"的基本作用都够不上，哪配称为"文学"!

懂得还不够。还要人不能不懂得;懂得了,还要人不能不相信,不能不感动。我要他高兴,他不能不高兴;我要他哭,他不能不哭;我要他崇拜我,他不能不崇拜我;我要他爱我,他不能不爱我。这是"有力"。这个,我可以叫他做"逼人性"。

我又举一个例:

《血府》当归生地桃,

红花甘草壳赤芍,

柴胡芎桔牛膝等,

血化下行不作劳。

这是"血府逐瘀汤"的歌诀。这一类的文字,只有"记账"的价值,绝不能"动人",绝没有"逼人"的力量,故也不能算文学。大多数的中国"旧文学",如碑版文字,如平铺直叙的史传,都属于这一类。

我读齐镈文,书阙乏佐证。独取圣枇字,古谊藉以正。亲殇偶考妣,从女疑非敬。《说文》有枇字,乃训祀司命。此文两皇枇,配祖义相应。幸得三代物,可与谈长诤。——(李慈铭《齐子中姜铸歌》)

这一篇你(大学的国文教授)看了一定大略明白,但他决不能感动你,决不能使你有情感上的感动。

第三是"美"。我说,孤立的美,是没有的。美就是"懂得性"(明白)与"逼人性"(有力)二者加起来自然发生的结果。例如"五月榴花照眼明"一句,何以"美"呢?美在用的是"明"字。我们读这个"明"字不能不发生一树鲜明逼人的榴花的印象。这里面含有两个分子:一、明白清楚;二、明白之至,有逼人而来的"力"。

再看《老残游记》的一段:

那南面山上,一条白光,映着月色,分外好看。一层一层的山岭，却分辨不清；又有几片白云在里面，所以分不出是云是山。及至定睛看去，方才看出那是云那是山来。虽然云是白的，山也是白的，云有亮光，山也有亮光；只因为月在云上，云在月下，所以云的亮光从背后透过来。那山却不然的：山的亮光由月光照在山上，被那山上的雪反射过来，所以光是两样了。然只稍近的地方如此。那山望东去，越望越远，天也是白的，山也是白的，云也是白的，就分辨不出来。

  这一段无论是何等顽固古文家都不能不承认是"美"。美在何处呢？也只是两个分子：第一是明白清楚，第二是明白清楚之至，故有逼人而来的影像。除了这两个分子之外，还有什么孤立的"美"吗？没有了。

  你看我这个界说怎样？我不承认什么"纯文"与"杂文"。无论什么文（纯文与杂文，韵文与非韵文）都可分做"文学的"与"非文学的"两项。

# 我与思想大家的交锋

# 谈谈中国思想史

在三千年中间的中国思想史，我想可以寻出一点线索来，不管它是向左，向右，或是向前，向后。中国思想史如此多的材料，如没有线索，必定要散漫。我的见解也许有成见，可是研究了三十多年，也许可给诸位作一参考。

简单说来，思想是生活种种的反响，社会上的病态需要医治，社会上的困难需要解决，思想却是对于一时代的问题有所解决。经济对思想的影响最大，尤其是在近两三百年来，经济极为重要。生活的方式，生产的方式，往往影响于思想。下面分三个时代来讲：

第一个时代——从商末到周初。

在这个时期里经济并不占重要地位，几百几千年的生活方式和生产状态，并没有多大变迁，更无所谓产业革命。古代思想最重要的是政治和宗教。《史记》作者司马迁分古思想家为六派：即阴阳、道德、儒、墨、法、名等，但是这六派都是"皆务为治"，亦即怎样治理国家社会。廿九年来从发掘安阳商代文化，发现许多材料，可使我们了解古代政治和宗教的生活。那时的政治和宗教合在一起，且互为影响。他们的主要生活是祭祖，按照祖宗的生日排成祭日表，一年三百六十五天都在祭祀，那时的宗教以祖为本，而且是很浪费，很残忍，很不人道的宗教。人死之后，拿来殉葬的是宝贵的饰物和铜器等，牺牲品往往用到几十只甚至几百只牛羊，这是多么浪费！用"人"来祭祀，一为"殉"，即把死人所爱的人和死人埋葬在一起。一为"祭"，即以人作牺牲品来祭神，但多用俘虏。这又是多么残忍！由于这"宗教"的浪费和残忍！至少可以有一种反抗的批判的思想出来。由此，我们可以看出四种思想的产生：

第一点，人本主义。在纪元前三世纪至六世纪，思想很发达，无论哪一派哪一家，其共同的一点是注意到"人"的社会，并且首创不能治人，怎样祀神的论调，讲所谓"治人之道"。

第二点，自然主义。针对前时代反应而出的这种主义，是很重要的一点。"自"是"自己"，"然"是"如此"，所谓"自己如此"，亦即自己变成了自己。如乌龟变成乌龟，桃子变成桃子等。两千多年这"自己变成自己"的形质，形成中国思想上很大的潮流。如老庄的思想，即是含有这种思想。

第三点，理智主义，那个时代如孔子所谓："终日不食，终夜不寝，以思"。便是说明个人须做学问，并且提倡教育的路，无论那时学派思想如何复杂，也都是重知识，所以说已走上了知识主义、理智主义的大路。

第四点，自由思想。在若干国家对立时代，往往有思想的自由。那时有极端的个人主义者，如《吕氏春秋》；亦有提倡民主革命的，如《孟子》。

第二个时代——从汉到宋。

这一时代发生了极新的问题，一是国家的统一，一是新宗教佛教的传入，而普遍全国。于是由此引起了两种思想，即：（一）在武力统一政治下，如何建立一文治政府，减低人民压迫。（二）如何挽救全国人民的宗教热，前者如何建设文治政府，遂产生了四种工具：

第一个工具：建立文官考试制度，自汉武帝时开始，这制度一直发展到科举制度。

第二个工具：汉武帝时设立太学，造就文官，至东汉时已有一万多太学生。

第三个工具：建树成文法律，提倡法治。

第四个工具：建设前一时代有同等权威而加强政治力量的经典，由此而断大案。

至于后者如何挽救宗教热，则有两点：第一点：提倡自然主义，如王充以自然思想解释自然现象。第二点：提倡人本主义，如范缜以人和物体相等视，有物体才有精神，韩愈的倡"原道"，乃要人恢复到"古代之社会"。

第三个时代——从宋代以后。

在这时代时产生了理学，亦即要恢复到古代好的制度和好的思想，拿本位文化来抵制非本位文化。理学亦即为道学，相信自然界有一法则存在。并且有两条路：一是"敬"，一是"致知"。第一条路主敬，我们可以看出经过了一千多年，仍不免要受到宗教的影响。第二条路是致知，亦即扩展个人知识。天地之大，草木之微，其中皆存有一"理"在。在这七八百年当中，理学始终是走这两条路，并且也成了号称"中国的本位文化"。而"致知"更为"科学"的路，科学的"目标"。

总括地说，在从前的时代，工具不够用，材料不够多。现在则以全世界为我们的材料，以全世界为我们的工具，以全世界为我们的参考，那么我相信有比较新的中国思想可以产生！

# 论国故学
## ——答毛子水

……张君的大病是不解"国故学"的性质,如他说的:

使国人之治之者尚众,肯推已知而求未知,为之补苴罅漏,张皇幽眇,使之日新月异,以应时势之需,则国故亦方生未艾也。

"补苴罅漏,张皇幽眇",还可说得过去,"使之……应时势之需",便是大错,便是完全不懂"国故学"的性质。"国故学"的性质不外乎要懂得国故,这是人类求知的天性所要求的。若说是"应时势之需",便是古人"通经而致治平"的梦想了。

你驳他论"声韵学"一段,很是。自顾亭林以来至于今日,声韵学的成绩只是一部不曾完全的"古音变迁史"。请问知道"古无轻唇音"一条通例,于"将来之声音究竟如何"一个大问题有何帮助?难道我们就可以推知现在所剩的重唇音将来都会变成轻唇音吗?

但是你的主张,也有一点太偏了的地方。如说:

我们把国故整理起来,世界的学术界亦许得着一点益处,不过一定是没有多大的。……世界所有的学术,比国故更有用的有许多,比国故更要紧的亦有许多。

我以为我们做学问不当先存这个狭义的功利观念。做学问的人当看自己性之所近,拣选所要做的学问,拣定之后,当存一个"为真理而求真理"的态度。研究学术史的人更当用"为真理而求真理"的标准去批评各家的学术。学问是平等的。发明一个字的古义，与发现一颗恒星，都是一大功绩。

况且现在整理国故的必要实在很多。我们应该尽力指导"国故家"用科学的研究法去做国故的研究，不当先存一个"有用无用"的成见，致生出许多无谓的意见。你以为何如？

还有一层意思，你不曾发挥得尽致。清朝的"汉学家"所以能有国故学的大发明者，正因为他们用的方法无形之中都暗合科学的方法。钱大昕的古音之研究，王引之的《经传释词》，俞樾的《古书疑义举例》，都是科学方法的出产品。这还是"不自觉的"（un-conscious）科学方法，已能有这样的成绩了。我们若能用自觉的科学方法加上许多防弊的法子，用来研究国故，将来的成绩一定更大了。这种说法，似乎更动听一点，你以为何如？

我前夜把《汉学家的科学方法》一文做完寄出。这文的本意，是要把"汉学家"所用的"不自觉的"方法变为"自觉的"。方法"不自觉"，最容易有弊。如科学方法最浅最要的一部分就是"求否定的例"（negative instances or exceptions）。顾亭林讲《易》音，把《革》传"炳、蔚、君"三字轻轻放过不提，《未济》传"极、正"二字，亦然。这便不是好汉。钱大昕把这两个例外也寻出"韵"来，方才使顾氏的通例无有否定的例。若我们有自觉的方法，处处存心防弊，岂不更圆满吗？

# 论小说及白话韵文
## ——答钱玄同书

玄同先生：

前奉读"二十世纪第十七年七月二日"的长书，至今尚未答复。此中原因，想蒙原谅。先生对于吾前书所作答语，大半不需我重行答复。仅有数事，略有鄙见，欲就质正：

（四）（数目字指三卷第六号中原书之各条）《三国演义》一书，极为先生所不喜。然先生于吾原书所云，似有误会处。吾谓此书"能使今之妇人女子皆痛恨曹孟德，亦可见其魔力之大"。吾并非谓此书于曹孟德、刘备诸人褒贬得当。吾但谓以小说的魔力论，此书实具大魔力耳。先生亦言："《说岳》既出，不甚有何等之影响。《三国演义》既出，于是关公、关帝、关夫子，闹个不休。"此可见《说岳》之劣而《三国演义》之优矣。平心而论，《三国演义》之褒刘而贬曹，不过是承习凿齿、朱熹的议论，替他推波助澜，并非独抒己见。况此书于曹孟德，亦非一味丑诋。如白门楼杀吕布一段，写曹操人品实高于刘备百倍。此外写曹操用人之明，御将之能，皆远过于刘备、诸葛亮。无奈中国人早中了朱熹一流人的毒，所以一味痛骂曹操。

戏台上所演《三国演义》的戏，不是《逼宫》，便是《战宛城》，凡是曹操的好处，一概不编成戏。此则由于编戏者之不会读书，而《三国演义》之罪实不如是之甚也。先生又谓此书"写刘备成一庸懦无用的人,写诸葛亮成一阴险诈伪的人"。此则非关作者"文才笨拙",乃其所处时代之影响也。彼所处之时代,固以庸懦无能为贤,以阴险诈伪为能,故其写刘备、诸葛亮,亦只如此。此如古人以"杀人不眨眼"、"喝酒三四十大碗"为英雄,今人如张春帆之徒以能"吊膀子"为风流。故《水浒传》之武松,自西人观之,必诋为无人道;而《九尾龟》之章秋谷,自吾与先生观之,必诋为淫人。此与吾前书所言《品花宝鉴》不知男色为恶事,同一道理。此理于读书甚有益,故不惮重言之。即如孔子时代,原不以男女相悦为非,故叔梁纥与征在"野合而生孔子"(见《史记》),时人不以此遂轻孔子。及孔子选诗,其三百篇中,大半皆情诗也。即如《关雎》一篇,明言男子恋一女子,至于"寤寐思服","辗转反侧",害起"单思病"来了。孔子不以为非,却说"《关雎》乐而不淫,哀而不伤"。又如"陟彼南山,言采其蕨。未见君子,忧心惙惙。亦既见止,亦既觏止,我心则说"。明言女子与男子期会于野。凡此诸诗,所以能保存者,正以春秋时代本不以男女私相恋爱为恶德耳。后之腐儒,不明时代之不同,风尚之互异,遂想出种种谬说来解《诗经》。诗之真价值遂历二千余年而不明,则皆诸腐儒之罪也。更举一例,白香山的《琵琶行》,本是写实之诗。后之腐儒不明风俗之变迁,以为朝廷命官岂可深夜登有夫之妇之舟而张筵奏乐。于是强为之语,以为此诗全是寓言。不知唐代人士之自由,固有非后世腐儒所能梦见者矣。先生以为然否?

(五)先生与独秀先生所论《金瓶梅》诸语,我殊不敢赞成。我以为今日中国人所谓男女情爱,尚全是兽性的肉欲。今日一面正宜力排《金瓶梅》一类之书,一面积极译著高尚的言情之作,五十年后,或稍有转移风气之希望。此种书即以文学的眼光观之,亦殊无价值。何则?文学之一要素,在于"美感"。请问先生读《金瓶梅》,作何美感?

又先生屡称苏曼殊所著小说。吾在上海时，特取而细读之，实不能知其好处。《绛纱记》所记，全是兽性的肉欲。其中又硬拉入几段绝无关系的材料，以凑篇幅，盖受今日几块钱一千字之恶俗之影响者也。《焚剑记》直是一篇胡说，其书尚不可比《聊斋志异》之百一，有何价值可言耶？

以上答先生见答之语竟。

先生论吾所作白话诗，以为"未能脱尽文言窠臼"。此等诤言，最不易得。吾于去年（五年）夏秋初作白话诗之时，实力屏文言，不杂一字。如《朋友》、《他》、《尝试篇》之类皆是。其后忽变易宗旨，以为文言中有许多字尽可输入白话诗中。故今年所作诗词，往往不避文言。吾曾作"白话解"，释白话之义，约有三端：

（一）白话的"白"，是戏台上"说白"的白，是俗语"土白"的白。故白话即是俗话。

（二）白话的"白"是"清白"的白，是"明白"的白。白话但须要"明白如话"，不妨夹几个文言的字眼。

（三）白话的"白"，是"黑白"的白。白话便是干干净净没有堆砌涂饰的话，也不妨夹入几个明白易晓的文言字眼。

但是先生今年10月31日来书所言，也极有道理。先生说："现在我们着手改革的初期，应该尽量用白话去做才是，倘使稍怀顾忌，对于'文'的一部分不能完全舍去，那么便不免存留旧污，于进行方面，很有阻碍。"我极以这话为然。所以在北京所做的白话诗，都不用文言了。

先生与刘半农先生都不赞成填词，却又都赞成填西皮二簧。古来作词者，仅有几个人能深知音律。其余的词人，都不能歌。其实词不必可歌。由诗变而为词，乃是中国韵文史上一大革命。五言七言之诗，不合语言之自然，故变而为词。词旧名长短句。其长处正在长短互用，稍近语言之自然耳。即如稼轩词：

> 落日楼头，断鸿声里，江南游子，把吴钩看了，阑干拍遍，无人会，登临意。

此决非五言七言之诗所能及也。故词与诗之别，并不在一可歌而一不可歌，乃在一近言语之自然而一不近言语之自然也。作词而不能歌之，不足为病。正如唐人绝句大半可歌，然今人不能歌亦不妨作绝句也。

词之重要，在于其为中国韵文添无数近于言语自然之诗体。此为治文学史者所最不可忽之点。不会填词者，必以为词之字字句句皆有定律，其束缚自由必甚。其实大不然。词之好处，在于调多体多，可以自由选择。工词者，相题而择调，并无不自由也。人或问既欲自由，又何必择调？吾答之曰，凡可传之词调，皆经名家制定，其音节之谐妙，字句之长短，皆有特长之处。吾辈就已成之美调，略施裁剪，便可得绝妙之音节，又何乐而不为乎？（今人作诗往往不讲音节。沈尹默先生言，作白话诗尤不可不讲音节，其言极是。）

然词亦有二短：（一）字句终嫌太拘束；（二）只可用以达一层或两层意思，至多不过能达三层意思。曲之作，所以救此两弊也。有衬字，则字句不嫌太拘。可成套数，则可以作长篇。故词之变为曲，犹诗之变为词，皆所以求近语言之自然也。

最自然者，终莫如长短无定之韵文。元人之小词，即是此类。今日作"诗"（广义言之），似宜注重此种长短无定之体。然亦不必排斥固有之诗词曲诸体；要各随所好，各相题而择体，可矣。

至于皮簧，则殊无谓。皮簧或十字为句，或七字为句，皆不近语言之自然。能手为之，或亦可展舒自如，不限于七字十字之句，如《空城计》之城楼一段是也。然不如直作长短句之更为自由矣。

以上所说，皆拉杂不成统系，尚望有以教正之。

# 论句读符号
## ——答"慕楼"书

论句读符号一层,本社同人也不知共同讨论了多少次。我从前在《科学》第二卷第一期作《论句读及文字符号》时,曾说:"吾国文凡疑问之语,皆有特别助字以别之。故凡何、安、乌、孰、岂、焉、乎、哉、欤诸字,皆即吾国之疑问符号也。故问号可有可无也。"吾对于感叹符号,也颇有这个意思。但后来我的朋友钱玄同先生说,这两种符号(?!)都不可废。因为中国文字的疑问语往往不用上举诸字,并且这些字有各种用法,不是都拿来表疑问的意思。

我记不得钱先生所举的例了。中国京戏里常有两个人问答。一个问道,"当真?"一个答道,"当真。"又问道,"果然?"又答道,"果然。"这四句写出来若不用疑问符号,便没有分别了。又如人说,"你吃过饭了?"答道,"我吃过饭了。"又如说,"你敢来?"答道,"我敢来。"都是这一类的例。又如《檀弓》上,曾子怒曰,"商,汝河无罪也!"这句虽用"何"字,却不是疑问语,乃是怒骂语,故当用感叹符号。又如《孟子》上陈仲子说,"恶用是鶃鶃者为哉!"这句用了"恶"字和"哉"字,但不是疑问语乃是厌恶语,故当用感叹号。又如我们说"做什么"三个字,若大声喝问,当用感叹号;若是平常问话,当用疑问号。钱先生曾举古书"也"、"耶"两字通用的例(俞樾说),若"也"字用

作"耶"字时，有疑问号指出，便不致误会了。（参看《新青年》第三卷诸号通信）

总而言之，文字的第一个作用便是达意。种种符号都是帮助文字达意的。意越达得出越好，文字越明白越好，符号越完备越好。这是本社全用各种符号的主意。

近见《时事新报》（8月8日）登有绩溪黄觉僧君的《折衷的文学革新论》。黄君极赞成我们的文学革新论，但他却"不主张纯用白话"。他这一种主张，我另有答复，今不具论。他对于我们所用的句读符号，与慕楼君所主张略同。他说，"两文所用之Comma（，），Semicolon（；），Colon（：），Period（．）等是可用者。若 Interroga-tion（？），Exclamation（！）等，则我国既有么、呢等或乎、哉等表示问词；乎、哉等表感叹词之尾声，何必再加此赘疣乎？"黄君此言，我已答在上文，故附录其语于此。即如黄君所举诸字中，"乎"、"哉"两字可表感叹，又可表疑问，若不用符号，岂不容易混乱吗？

# 读梁漱溟先生的《东西文化及哲学》

我是自己有一套思想，再来看孔家诸经的：看了孔经，先有自己意见，再来视宋、明人书的：始终拿自己思想做主。

我们读梁漱溟先生的这部书，自始至终，都该牢牢记得这几句话，并且应该认得梁先生是怎样的一个人。他自己说：

我这个人本来很笨，很呆，对于事情总爱靠实，总好认真。……我自从会用心思的年龄起，就爱寻求一条准道理，最怕听"无可无不可"的话，所以对于事事都自己有一点主见，而自己的生活行事都牢牢地把定着一条线去走。

我们要认清梁先生是一个爱寻求一条"准道理"的人，是一个"始终拿自己思想做主"的人。懂得这两层，然后可以放胆读他这部书，然后可以希望领会他这书里那"真知灼见"的部分，和那蔽于主观成见或武断太过的部分。

一

梁先生第一章绪论里，提出三个意思。第一，他说此时东方化与西方化已到了根本上的接触，形势很逼迫了，有人还说这问题不很迫切，那是全然不对的。第二，那些人随便主张东西文化的调和融通，那种"糊涂，疲缓，不真切的态度，全然不对。"第三，大家怕这个问题无法研究，也是不对的。"如果对于此问题觉得是迫切，当真要求解决，自然自己会要寻出一条路来。"

这三层意思是梁先生著书的动机，所以我们应该先看看这三层的论点如何。

梁先生是"始终拿自己思想做主"，故我们先讨论那关于他自己思想的第三点。他说："我的生活与思想见解是成一整个的。思想见解到哪里，就做到哪里。"又说，"旁人对于这个问题自己没有主见，并不要紧，而我对于此问题，假使没有解决，我就不晓得我做何种生活才好！"这种知行合一的精神，自然是我们应该敬仰佩服的。然而也正因为梁先生自己感觉这个问题如此迫切，所以他才有第一层意思，认定这个问题在中国今日果然是十分迫切的了。他觉得现在东方化受西方化逼迫得紧的形势之下，应付的方法不外三条路：

（一）倘然东方化与西方化果真不并立而又无可通，到今日要绝其根株，那么，我们须要自觉地如何彻底的改革，赶快应付上去，不要与东方化同归于尽。

（二）倘然东方化受西方化的压迫不足虑，东方化确要翻身的，那么，与今日之局面如何求其通，亦须有真实的解决，积极地做去，不要做梦发呆，卒致倾覆。

（三）倘然东方化与西方化果有调和融通之道，那也一定不是现在这种"参用西法"可以算数的，须要赶快有个清楚明白的解决，好打开一条活路，决不能存疲缓的态度。

梁先生虽指出这三条路，然而他自己只认前两条路；他很严厉地骂那些主张调和融通的人，说"不知其何所见而云然！"所以我们此时且不谈那第三条路。

对于那前两条路，梁先生自己另有一种很奇异的见解。他把东西文化的问题写成下列的方式：

东方化还是要连根的拔去,还是可以翻身呢?

接着就是他自己的奇异解释:

此处所谓"翻身",不仅说中国人仍旧使用东方化而已;大约假使东方化可以翻身,亦是同西方化一样,成一种世界的文化——现在西方化所谓科学和德谟克拉西的色彩,是无论世界上哪一地方人皆不能自外的。

所以此刻问题,直截了当的,就是

东方化可否翻身成为一种世界文化?

如果不能成为世界文化,则根本不能存在。若仍可以存在,当然不能仅只使用于中国,而须成为世界文化。

这是梁先生的书里的最主要问题,读者自然应该先把这问题想一想,方才可以读下去。

我们觉得梁先生这一段话似乎不免犯了笼统的毛病。第一,东西文化的问题是一个很复杂的问题,决不是"连根拔去"和"翻身变成世界文化"两条路所能完全包括。至于"此刻"的问题,更只有研究双方文化的具体特点的问题,和用历史的精神与方法寻求双方文化接触的时代如何选择去取的问题,而不是东方化能否翻身为世界文化的问题。避去了具体的选择去取,而讨论那将来的翻身不翻身,便是笼统。第二,梁先生的翻身论是根据在一个很笼统的大前提之上的。他的大前提是:

凡一种文化,若不能成为世界文化,则根本不能存在;若仍可存在,当然不能限于一国,而须成为世界文化。

这种逻辑是很可惊异的。世界是一个很大的东西,文化是一种很复杂的东西。依梁先生自己的分析,一种文化不过是一个民族生活的种种方面。他总括为三方面:精神生活,社会生活,物质生活。这样多方面的文化,在这个大而复杂的世界上,不能没有时间上和空间上的个性的区别。在一个国里,尚且有南北之分,古今之异，何况偌大的世界？若否认了这种种时间和空间的区别，那么，我们也可以说无论何种劣下的文化都可成为世界文化。我们也许可以劝全世界人都点"极黑暗的油灯"，都用"很笨拙的骡车"，都奉喇嘛教，都行君主独裁政治；甚至于鸦片、细腰、穿鼻、缠足，如果走运行时，何尝都没有世界化的资格呢？故就一种生活或制度的抽象的可能性上看来，几乎没有一件不能成为世界化的。再从反面去看，若明白了民族生活的时间和空间的区别，那么，一种文化不必须成为世界文化，而自有他存在的余地。米饭不必成为世界化，而我们正不妨吃米饭；筷子不必成为世界化，而我们正不妨用筷子；中国话不必成为世界语，而我们正不妨说中国话。

所以我们在这里要指出梁先生的出发点就犯了笼统的毛病，笼统地断定一种文化若不能成为世界文化，便根本不配存在；笼统地断定一种文化若能存在，必须翻身成为世界文化。他自己承认是"牢牢的把定一条线去走"的人，他就不知不觉地推想世界文化也是"把定一条线去走"的了。从那个笼统的出发点，自然生出一种很笼统的"文化哲学"。他自己推算这个世界走的"一条线"上，现在是西洋化的时代，下去便是中国化复兴成为世界文化的时代，再下去便是印度化复兴成为世界文化的时代。这样"整齐好玩"的一条线，有什么根据呢？原来完全用不着根据，只须梁先生自己的思想，就够了。梁先生说：

我并非有意把他们弄得这般整齐好玩，无奈人类生活中的问题实有这么三层次，其文化的路径就有这么三转折，而古人又恰好把这三路都已分别走过，所以事实上没法要他不重走一遭。吾自有见而为此说，今人或未必见谅，然吾亦岂求谅于今人者！

是的。这三条路，古人曾分别走过；现在世界要走上一条线了，既不能分别并存，只好轮班挨次重现一次了。这种全凭主观的文化轮回说,是无法驳难的,因为梁先生说"吾自有见而为此说。吾亦岂求谅于今人者!"

凡过信主观的见解的,大概没有不武断的。他既自有见而为此说,又自己声明不求谅于今人,我们还有什么话可说呢?他这种勇于自信而倾于武断的态度,在书中屡次出现。最明显的是在他引我论淑世主义的话之后,他说:

这条路(淑世主义)也就快完了。……在未来世界,完全是乐天派的天下,淑世主义过去不提。这庸势具在。你已不必辩,辩也无益。

我也明知"辩也无益",所以我沉默了两年,至今日开口,也不想为无益之辩论,只希望能指出梁先生的文化哲学是根据于一个很笼统的出发点的,而这种笼统的论调只是梁先生的"牢牢地把定一条线去走"。"爱寻求一条准道理"的人格的表现,用一条线的眼光来看世界文化,故世界文化也只走一条线了。自己寻得的道理,便认为"准道理",故说"吾自有见而为此说","你不必辩,辩也无益"。

不明白这一层道理的,不配读梁先生的书。

## 二

上文只取了梁先生的绪论和结论的一部分来说明这种主观化的文化哲学。现在我们要研究他的东西文化观的本身了。

梁先生先批评金子马治,北聆吉论东西文化的话,次引陈独秀拥护德谟克拉西和赛恩斯两位先生的话,认为很对很好。梁先生虽然承认"西方文化即赛恩斯和德谟克拉西两精神的文化",但梁先生自己是走"一条线"的人,总觉得"我们说话时候非双举两种不可,很像没考究到家的样子"。所以他还要做一番搭题的功夫,要把德赛两先生并到一条线上去,才算"考究到家"了。这两位先生若从历史上研究起来,本来是一条路上的人。然而梁先生并不讲历史,他仍用他自己的思想做主,先断定"文化"只是一个民族的生活样子,而"生活"就是"意欲";他有了这两个绝大的断定,于是得着西方文化的答案:

如何是西方化?西方化是以意欲向前要求为其根本精神的。

我们在这里,且先把他对于中国、印度的文化的答案,也抄下来,好作比较:

中国文化是以意欲自为调和持中为其根本精神的。

印度文化是以意欲反身向后要求为其根本精神的。

梁先生自己说他观察文化的方法道:

我这个人未尝学问,种种都是妄谈,都不免"强不知以为知",心里所有只是一点佛家的意思,我只是本着一点佛家的意思裁量一切,这观察文化的方法也别无所本,完全是出于佛家思想。

我们总括他的说法,淘汰了佛书的术语,大旨如下:

所谓生活,就是现在的我(即是现在的意欲)对于前此的我(即是那殆成定局的宇宙)之奋斗,……前此的我为我当前的"碍"。……当前为碍的东西是我的一个难题;所谓奋斗,就是应付困难,解决问题。

这点总纲,似乎很平易,然而从这里发出三个生活的样法:

(一)向前面要求,就是奋斗的态度,这是生活本来的路向。

(二)对于自己的意思变换,调和,持中;回想的随遇而安。

(三)转身向后去要求,想根本取消当前的问题或要求。

依梁先生的观察,这三条路代表三大系的文化:

(一)西方文化走的是第一条路。

(二)中国文化走的是第二条路。

(三)印度文化走的是第三条路。

以上所引，都是本书第二第三两章中的。但梁先生在第四章比较东西哲学的结果，又得一个关于三系文化的奇妙结论。他说：

（一）西洋生活是直觉运用理智的。

（二）中国生活是理智运用直觉的。

（三）印度生活是理智运用现量的。

"现量"就是感觉（sensation），理智就是"比量"，而直觉乃是比量与现量之间的一种"非量"，就是"附于感觉——心王——之受，想，二心所"。

以上我们略述梁先生的文化观察。我们在这里要指出梁先生的文化观察也犯了笼统的大病。我们也知道有些读者一定要代梁先生抱不平，说："梁先生分析得那样仔细，辨别得那样精微，而你们还要说他笼统，岂非大冤枉吗？"是的，我们正因为他用那种仔细的分析和精微的辨别，所以说他"笼统"。文化的分子繁多，文化的原因也极复杂，而梁先生要想把每一大系的文化各包括在一个简单的公式里，这便是笼统之至。公式越整齐，越简单，他的笼统性也越大。

我们试先看梁先生的第一串三个公式：

（一）西方化的根本精神是意欲向前要求。

（二）中国化的根本精神是意欲自为调和持中。

（三）印度化的根本精神是意欲反身向后要求。

这岂不简单？岂不整齐？然而事实上全不是那么一回事。西方化与印度化，表面上诚然很像一个向前要求，一个向后要求；然而我们平心观察印度的宗教，何尝不是极端的向前要求？梁先生曾提及印度人的"自饿不食，投入寒渊，赴火炙灼，赤身裸露，学着牛狗，龁草吃粪，在道上等车来轧死，上山去找老虎"。我们试想这种人为的是什么？是向后吗？还是极端地奔赴向前，寻求那最高的满足？我们试举一个例：

> 释宝崖于益州城西路首,以布裹左右五指,烧之。……并烧二手。于是积柴于楼上,作干麻小室,以油润之。自以臂挟炬。麻燥油浓,赫然火合。于炽盛之中礼拜。比第二拜,身面焦坏,重复一拜,身踣炭上。

试想这种人,在火焰之中礼拜,在身面焦坏之时还要礼拜,这种人是不是意欲极端地向前要求?梁先生自己有时也如此说:

> 大家都以为印度人没法生活才来出世,像詹姆士所说,印度人胆小不敢奋斗以求生活,实在闭眼瞎说!印度人实在是极有勇气的,他们那样坚苦不挠,何尝不是奋斗?

是的!印度人也是奋斗,然而"奋斗"(向前要求)的态度,却是第一条路。所以梁先生断定印度化是向后要求的第三条路,也许他自己有时要说是"实在闭眼瞎说"呢!

以上所说,并非为无益之辩,只是要指出,梁先生的简单公式是经不起他自己的反省的。印度化与西洋化,表面上可算两极端了,然而梁先生说他俩都是奋斗,即都是向前要求。

至于那"调和持中"、"随遇而安"的态度,更不能说哪一国文化的特性。这种境界乃是世界各种民族的常识里的一种理想境界。绝不限于一民族或一国。见于哲学书的,中国儒家有《中庸》,希腊有亚里士多德的《伦理学》,而希伯来和印度两民族的宗教书里也多这种理想。见于民族思想里的,希腊古代即以"有节"为四大德之一,而欧洲各国都有这一类的民谣。至于诗人文学里,"知足"、"安命"、"乐天"等等更是世界文学里极常见的话,何尝是陶潜、白居易独占的美德?然而这种美德始终只是世界民族常识里的一种理想境界,无论在哪一国,能实行的始终只有少数人。梁先生以为:

> 中国人的思想是安分知足,寡欲摄生,而决没有提倡要求物质享乐的;却亦没有印度的禁欲思想。不论境遇如何,他都可以

满足安受，并不定要求改造一个局面。

梁先生难道不睁眼看看古往今来的多妻制度，娼妓制度，整千整万的提倡醉酒的诗，整千整万恭维婊子的诗，《金瓶梅》与《品花宝鉴》，壮阳酒与春宫秘戏图？这种东西是不是代表一个知足安分寡欲摄生的民族的文化？只看见了陶潜、白居易，而不看见无数的西门庆与奚十一；只看见了陶潜、白居易诗里的乐天安命，而不看见他们诗里提倡酒为圣物而醉为乐境，——正是一种"要求物质享乐"的表示：这是我们不能不责备梁先生的。

以上所说，并不是有意吹毛求疵，只是要指出梁先生发明的文化公式，只是闭眼的笼统话，全无"真知灼见"。他的根本缺陷只是有意要寻一个简单公式，而不知简单公式决不能笼罩一大系的文化，结果只有分析辨别的形式，而实在都是一堆笼统话。

我们再看他那第二串的三个公式：

（一）西洋生活是直觉运用理智。

（二）中国生活是理智运用直觉。

（三）印度生活是理智运用现量。

这更是荒谬不通了。梁先生自己说：

现量，理智，直觉，是构成知识的三种工具。一切知识都是由这三种作用构成。虽然各种知识所含的三种作用有成分轻重的不同，但是非要具备这三种作用不可，缺少一种就不能成功的。

单用这一段话，已可以根本推翻梁先生自己的三个公式了。既然说，知识非具备这三种作用不可，那么，也只是因为"各种知识"的性质不同，而成分有轻重的不同；何至于成为三种民族生活的特异公式呢？例如诗人赏花玩月，商人持筹运算，罪人鞭背打屁股，这三种经验因为性质不同，而有成分的轻重，前者偏于直觉，次者偏于理智，后者偏于现量，那是可能的。但人脑的构造，无论在东在西，决不能因不同种而有这样的大差异。我们可以说甲民族在某个时代的知识方法比乙种民族在某个时代的知识方法精密的多；正如我们说近二百年来的西洋民族的科学方法大进步了。这不过好像我们说汉儒迂腐，宋儒稍能疑古，而清儒治学方法最精。这都不过是时间上、空间上的一种程度的差异。梁先生太热心寻求简单公式了，所以把这种历史上程度的差异，认作民族生活根本不同方向的特征，这已是大错了。他还更进一步，凭空想出某民族生活是某种作用运用某种作用，这真是"玄之又玄"了。

试问直觉如何运用理智？理智又如何运用直觉？理智又如何运用现量？

这三个问题，只有第一问梁先生答的稍为明白一点。他说：

一切西洋文化悉由念念认我向前要求而成。这"我"之认识，感觉所不能为，理智所不能为，盖全出于直觉所得。故此直觉实居主要地位；由其念强，才奔着去求，而理智则其求时所用之工具。所以我们说西洋生活是以直觉运用理智的。读者幸善会其意而无以词害意。

梁先生也知道我们不能懂这种玄妙的话，故劝我们"善会其意而无以词害意"。但我们实在无法善会其意！第一，我们不能承认"我"之认识全出于直觉所得。哲学家也许有发这种妙论的；但我们知道西洋近世史上所谓"我"的发现，乃是一件极平常的事件，正如昆曲《思凡》里的小尼姑的春情发动，不愿受那尼庵的非人生活了，自然逃下山去。梁先生若细读这一出"我"的发现的妙文，或英国诗人白朗吟（Browning）的 Fra Lippo Lippi 便可以知道这里面也有情感，也带理智，而现量（感觉）实居主要。第二，即使我们闭眼承认"我"之认识由于直觉，然而"我"并不即等于直觉；正如哥伦布发现美洲，而美洲并不等于哥伦布。故"我之认识由于直觉"一句话，即使不是瞎说，也决不能引出"直觉运用理智"的结论。

此外，梁先生解释"理智运用直觉"一段，我老实承认全不懂得他说的是什么。幸而梁先生自己承认这一段话是"很拙笨不通"，否则我们只好怪自己拙笨不通了。

最后，梁先生说"理智运用现量"一层，我们更无从索解。佛教的宗教部分，固然是情感居多，然而佛家的哲学部分却明明是世界上一种最精深的理智把戏。梁先生自己也曾说：

在印度，那因明学唯识学秉一种严刻的理智态度，走科学的路。

何以此刻只说印度生活是"理智运用现量"呢？梁先生的公式热，使他到处寻求那简单的概括公式，往往不幸使他陷入矛盾而不自觉。如上文梁先生既认印度化为奋斗，而仍说他是向后要求：如这里梁先生既认印度的因明唯识为走科学的路，而仍硬派他入第三个公式。"整齐好玩"则有余了，只可恨那繁复多方的文化是不肯服服帖帖叫人装进整齐好玩的公式里去的。

## 三

我们现在要对梁先生提出一点根本的忠告，就是要说明文化何以不能装入简单整齐的公式里去。梁先生自己也曾说过生活就是现在的我对宇宙的奋斗，"我们的生活无时不用力，即是无时不奋斗。当前为碍的东西是我的一个难题；所谓奋斗就是应付困难，解决问题"。当梁先生说这话时，他并不曾限制他的适用的区域。他说：

差不多一切有情——生物——的生活，都是如此，并不单是人类为然。

我们很可以用这一点做出发点：生活即是应付困难，解决问题。而梁先生又说：

> 文化并非别的，乃是人类生活的样法。

这一句话，我们也可以承认（梁先生在这里又把文化和文明分作两事，但那个区别是不能自圆其说的，况且和梁先生自己在页十三上说的话互相矛盾，故我们可以不采他这个一时高兴的辨析）。梁先生又说：

> 奋斗的态度，遇到问题都是对于前面去下手，……改造局面，使其可以满足我们的要求：这是生活本来的方向。

这也是我们可以承认的。但我们和梁先生携手同行到这里，就不能不分手了。梁先生走到这里，忽然根本否认他一向承认的"一切有情"都不能违背的"生活本来的方向"！他忽然说中国人和印度人的生活是不走这"生活本来的方向"的！他忽然很大度地把那条一切有情都是如此的生活本路让与西洋人去独霸！梁先生的根本错误就在此一点。

我们的出发点只是：文化是民族生活的样法，而民族生活的样法是根本大同小异的。为什么呢？因为生活只是生物对环境的适应，而人类的生理的构造根本上大致相同，故在大同小异的问题之下，解决的方法，也不出那大同小异的几种。这个道理叫做"有限的可能说"（The principle of limited possibilities）。例如饥饿的问题，只有"吃"的解决。而吃的东西或是饭，或是面包，或是棒子面，……而总不出植物与动物两种，决不会吃石头。御寒的问题，自裸体以至穿重裘，也不出那有限的可能。居住的问题，自穴居以至广厦层楼，根本上也只有几种可能。物质生活如此，社会生活也是如此。家庭的组织，也只有几种可能：杂交，一夫多妻，一妻多夫，一夫一妻，大家族或小家庭，宗子独承产业或诸子均分遗产。政治的组织也只有几种可能：独裁政治，寡头政治，平民政治。个人对社会的关系也有限的：个人主义与社会主义；自由与权威。精神生活也是如此的。言语的组织，总不出几种基本配合；神道的崇拜，也不出几种有限的可能。宇宙的解释，本体问题，知识的问题，古今中外，可曾跳出一元，二元，多元；唯心，唯物；先天，后天，等等几条有限的可能？人生行为的问题，古今中外，也不曾跳出几条有限的路子之外。至于文学与美术的可能方式，也不能不受限制：有韵与无韵，表现与象征，人声与乐器，色彩是有限的，乐音是有限的。这叫做有限的可能。

凡是有久长历史的民族，在那久长的历史上，往往因时代的变迁，环境的不同，而采用不同的解决样式。往往有一种民族而一一试过种种可能的变法的。政治史上，欧洲自希腊以至今日，印度自吠陀时代以至今日，中国自上古以至今日，都曾试过种种政治制度：所不同者，只是某种制度（例如多头政治）在甲民族的采用在古代，而在乙民族则上古与近代都曾采用；或某种制度（例如封建制度）在甲国早就消灭了，而在乙国则至最近世还不曾划除。又如思想史上，这三大系的民族都曾有他们的光明时代与黑暗时代。思想是生活的一种重要工具，这里面自然包含直觉、感觉与理智三种分子，三者缺一不可。但思想的方法不是一朝一夕可以完备的。往往积了千万年的经验，到了一个成人时期，又被外来的阻力摧折毁坏了，重复陷入幼稚的时期。印度自吠陀时代以至玄奘西游之时，几千年继续磨炼的结果，遂使印度学术界有近于科学的因明论理与唯识心理。这个时代，梁先生也承认是"严刻的理智态度，走科学的路"。但回教不久征服印度了，佛教不久就绝迹于印度，而这条"科学的路"遂已开而复塞了。中国方面，也是如此。自上古以至东周，铢积寸累的结果，使战国时代呈现一个灿烂的哲学科学的时期。这个时代的学派之中，如墨家的成绩，梁先生也不能不认为"西洋适例"。然而久长的战祸，第一个统一帝国的摧残，第二个统一帝国的兵祸与专制，遂又使个成熟的时期的思想方法逐渐退化，陷入谶纬符命的黑暗时代。

东汉以后，王充以至王弼，多少才士的反抗，终究抵不住外族的大乱与佛教（迷信的佛教，这时候还没有因明唯识呢）混入中国！一千年的黑暗时代逐渐过去之后，方才有两宋的中兴。宋学是从中古宗教里滚出来的，程颐、朱熹一派认定格物致知的基本方法。大胆地疑古，小心地考证，十分明显地表示一种"严刻的理智态度，走科学的路"。这个风气一开，中间虽有陆、王的反科学的有力运动，终不能阻止这个科学的路重现而大盛于最近的三百年。这三百年的学术，自顾炎武、阎若璩，以至戴震、崔述、王念孙、王引之，以至孙诒让、章炳麟，我们决不能不说是"严刻的理智态度，走科学的路"。

然而梁先生何以闭眼不见呢？只因为他的成见太深，凡不合于他的成见的，他都视为"化外"。故孔、墨先后并起，而梁先生忍心害理地说"孔子代表中国，而墨子则西洋适例！"故近世八百年的学术史上，他只认"晚明泰州王氏父子心斋先生东崖先生为最合我意"，而那影响近代思想最大最深的朱熹竟一字不提！他对于朱学与清朝考据学，完全闭眼不见，所以他能说：

科学方法在中国简直没有。

究竟是真没有呢？还是被梁先生驱为"化外"了呢？

我们承认那"有限的可能说"，所以对于各民族的文化不敢下笼统的公式。我们承认各民族在某一个时代的文化所表现的特征，不过是环境与时间的关系，所以我们不敢拿"理智"、"直觉"等等简单的抽象名词来概括某种文化，我们拿历史眼光去观察文化，只看见各种民族都在那"生活本来的路"上走，不过因环境有难易，问题有缓急，所以走的路有迟速的不同，到的时候有先后的不同。历史是一面照妖镜，可以看出各种文化的原形；历史又是一座孽镜台，可以找出各种文化的过去种种经过。在历史上，我们看出那现在科学化（实在还是很浅薄的科学化）的欧洲也曾经过一千年的黑暗时代,也曾十分迷信宗教,也曾有过寺院制度,也曾做过种种苦修的生活,也曾极力压抑科学,也曾有过严厉的清净教风,也曾为卫道的热心烧死多少独立思想的人。究竟民族的根本区分在什么地方?至于欧洲文化今日的特色,科学与德谟克拉西,事事都可用历史的事实来说明:我们只可以说欧洲民族在这三百年中,受了环境的逼迫,赶上了几步,在征服环境的方面的成绩比较其余各民族确是大得多多。这也不是奇事:本来赛跑最怕赶上;赶上一步之后,先到的局面已成。但赛跑争先,虽然只有一个人得第一,落后的人,虽不能抢第一,而慢慢走去终也有到目的地的时候。现在全世界大通了,当初鞭策欧洲人的环境和问题现在又来鞭策我们了。将来中国和印度的科学化与民治化,是无可疑的。他们的落后,也不过是因为缺乏那些逼迫和鞭策的环境与问题,并不是因为他们的生活方式上有什么持中和向后的根本毛病,也并不是因为他们的生活上有直觉和现量的根本区别。民族的生活没有不用智慧的。但在和缓的境地之下,智慧稍模糊一点,还不会出大岔子;久而久之,便养成疏懒的智慧习惯了。直到环境逼人而来,懒不下去了,方才感发兴起,磨炼智慧,以免淘汰。幼稚的民族,根行浅薄,往往当不起环境的逼迫,往往成为环境的牺牲。至于向来有伟大历史的民族,只要有急起直追的决心,终还有生存自立的机会。自然虽然残酷,但它还有最慈爱的一点:就是后天的变态大部分不致遗传下去。一千年的缠足,一旦放了,仍然可以恢复天足!这是使我们对于前途最可乐观的。

梁先生和我们大不相同的地方,只是我们认各种民族都向"生活本来的路"走,而梁先生却认中国、印度另走两条路。梁先生说:

中国人不是同西方人走一条路线,因为走得慢,比人家慢了几十里路。若是同一路线而少走些路,那么,慢慢地走,终究有一天赶得上。若是各自走到别的路线上去，别一方向上去，那么，无论走好久，也不会走到那西方人所达到的地点上去的！

若照这样说法，我们只好绝望了。然而梁先生却又相信中国人同西洋人接触之后，也可以科学化，也可以民治化。他并且预言全世界西方化之后，还可以中国化，还可以印度化。如此说来，文化的变化岂不还是环境的关系吗？又何尝有什么"抽象的样法"的根本不同呢？他既不能不拿环境的变迁来说明将来的文化，他何不老实用同样的原因来说明现在的文化的偶然不同呢？

这篇文章，为篇幅所限，只能指出原书的缺陷，而不及指出他的许多好处（如他说中国人现在应该"排斥印度的态度，丝毫不能容留"一节），实在是我们很抱歉的。

# 答黄觉僧君《折衷的文学革新论》

## 一

我的同乡黄觉僧君近有《折衷的文学革新论》登在上海《时事新报》上。今节抄一段于下：

吾邑胡适之先生前年自美归国，与《新青年》杂志社诸先生共张文学革命之帜，推倒众说，另辟新基，见识之卓，魄力之宏，殊足令人钦佩。愚亦素主张文学革新之说者。在胡先生等来提倡文学革命以前，即本斯旨编辑师范学校国文读本一部。虽所选材料，与胡先生等所主张者容有出入，而其根本主义，务在排除艰深的、海涩的、骈俪的、贵族的、浮泛的文学，而建设一种浅近的、明了的、通俗的、平民的、写实的文学，则大概趋于一致。诚以生今之世，学古之文，其弊甚多：(一)不适于教育国民之用。(二)不适于说明科学。(三)不能使言文渐趋一致，沟通民间彼此之情意。(四)不适于传布新思想。

吾师胡子承先生尝论之曰，"文学为物，不过一种符号，……其所以求达于文之目的，固在讲道明理及通彼此之意，非蕲其文之能工也。"又曰，"吾国学子兀兀穷年，徒劳精疲神于为文，……罕能观书为文，以致各种学术与技能皆无从为学理之研究。"明乎此，彼倡反对文学革新之国粹论者，诚所谓无理取闹，直盲目的国粹说耳。

虽然,胡先生等所倡之说,亦不无偏激之处,足贻反对者以口实,愚今请以折衷之说进。

（一）文以通俗为主,不避俗字俗语,但不主张纯用白话。革新文学之目的何在？一言以蔽之,曰,在能通俗,使妇女听之,童子读之,都能了解耳。既以使人人能了解为主,则文之不易懂者代以俗字俗语而意已明（此本胡先生初主张"不避俗字俗语"之说,愚谓较今说为得中）,又何取乎白话为？使新文学纯用白话。则各地方言不同,既不可以方言入文;若曰学习,则学"么"、"呢"等字,恐较学"之"、"乎"等字为准,更何贵乎更张乎？其次,文学改革固当以一般社会为前提。然文之中有所谓应用的、美术的二种。即以欧人之文学言,亦复如是。是美术文之趋势如何,无讨论之必要。何者？研究美术文者,必文学程度已高。而欲考求各种文体真相之人,与一般社会无甚关系。愚意通俗的美术文（用于通俗教育者）与中国旧美术文可以并行,以间执反对者之口。旧美术文无废除之必要。（下略）

## 二

觉僧君鉴:

……足下论句读符号的一段,我已在别处回答了。如今单说"不主张纯用白话"一段。

这个问题,我已在《建设的文学革命论》中详细说过。我们主张用白话最重要的理由,只是"国语的文学,文学的国语"十个大字。足下若细读此篇,便知我们的目的不仅是"在能通俗,使妇女童子都能了解"。我们以为若要使中国有新文学,若要使中国文学能达今日的意思,能表今人的情感,能代表这个时代的文明程度和社会状态,非用白话不可。我们以为若要使中国有一种说得出、听得懂的国语,非把现在最通行的白话文用来作文学不可。我们以为先须有"国语的文学",然后可有"文学的国语";有了"文学的国语",我们方才可以算是有一种国语了。现在各处师范学校和别种学校也有教授国语的,但教授的成绩可算得是完全失败。失败的原因,都只为没有国语的文学,故教授国语没有材料可用。没有文学的材料,故国语班上课时,先生说,"这是一头牛",国语班的学生也跟着说,"这是一头牛";先生说,"砍了你的脑袋儿!"那些学生也跟着说,"砍了你的脑袋儿!"这种国语教授法,就教了一百年,也不会有成效的。——所以我们主张文学革新的第一个目的是要使中国有一种国语的文学;是要使中国人都能用白话作诗,作文,著书,演说。因为如此,所以要纯用白话。这是答足下"又何取乎白话"一段。

至于"方言不同"一层更不足为反对白话的根据。因为方言不同,所以更不能不提倡一种最通行的国语,以为将来"沟通民间彼此之情意"(用足下语)的预备。

足下又说"既不可以方言入文"。这也不足为病。方言未尝不可入文。如江苏人说"像煞有介事"五字,我所知各种方言中竟无一语可表出这个意思。这五个字将来便有入国语的价值,便有入文学的价值。并且将来国语文学兴起之后,尽可以有"方言的文学"。方言的文学越多,国语的文学越有取材的资料,越有浓富的内容和活泼的生命。如英国语言虽渐渐普及世界,但它那三岛之内至少有一百种方言。内中有几种重要的方言。如苏格兰文、爱尔兰文、威尔斯文,都有高尚的文学(《新青年》四卷四号之《老洛伯》便是苏格兰文学的一种)。国语的文学造成之后,有了标准,不但不怕方言的文学与它争长,并且还要倚靠各地方言供给它的新材料、新血脉。但是这个现在还不成问题,故不必多谈了。

足下又说："美术文之趋势如何，无讨论之必要。何者？研究美术文者，必文学程度已高，而欲考求各种文体真相之人，与社会无甚关系。"这话我极反对。其实足下自己也该极力反对这种议论。因为足下上文说足下的"根本主义务在排除艰深的、晦涩的、贵族的、骈俪的文学，而建设一种浅近的、明了的、通俗的、平民的、写实的文学"。如果美术文的趋势只操纵于"文学程度已高，与社会无甚关系"的人，岂不还是一种"艰深的，……贵族的"文学吗？我们以为文学是社会的生活的表示，故那些"与社会无甚关系"的人，绝对的没有造作文学的资格。

外面有许多人误会我们的意思，以为我们既提倡白话文学，定然反对学者研究旧文学。于是有许多人便以为我们竟要把中国数千年的旧文学都抛弃了。细看足下此文，好像也有这个意思，故说"旧美术文无废除之必要"。这都由于大家把题目弄混了，故说不清楚。现在中国人是否该用白话做文学，这是一个问题。中国现在学堂里是否该用国语作教科书，这又是一个问题。如果用了国语做教科书，古文的文学应该占一个什么地位，这又是一个问题。我们研究文学的人是否该研究中国的旧文学，这另是一个问题。我们对于这几个问题的主张，是：

（一）现在的中国人应该用现在的中国话做文学，不该用已死了的文言做文学。

（二）现在的一切教科书，自国民学校到大学，都该用国语编成。

（三）国民学校全习国语，不用"古文"（"古文"指说不出听不懂的死文字）。

（四）高等小学除国语读本之外，另加一两点钟的"古文"。

（五）中学堂"古文"与"国语"平等，但除"古文"一科外，别的教科书都用国语的。

（六）大学中，"古文的文学"成为专科，与欧、美大学的"拉丁文学"、"希腊文学"占同等的地位。

（七）古文文学的研究，是专门学者的事业。但须认定"古文文学"不过是中国文学的一个小部分，不是文学正宗，也不该阻碍国语文学的发展。

这几条都是极重要的问题，愿与国中有识之士仔细研究讨论之。

## "我的儿子"

——答汪长禄先生来信

### 一 汪长禄先生来信

昨天上午我同太虚和尚访问先生,谈起许多佛教历史和宗派的话,耽搁了一点多钟的工夫,几乎超过先生平日见客时间的规则五倍以上,实在抱歉得很。后来我和太虚匆匆出门,各自分途去了。晚边回寓,我在桌子上偶然翻到最近《每周评论》的文艺那一栏,上面题目是《我的儿子》四个字,下面署了一个"适"字,大约是先生做的。这种议论我从前在《新潮》、《新青年》各报上面已经领教多次,不过昨日因为见了先生,加上"叔度汪汪"的印象,应该格外注意一番。我就不免有些意见,提起笔来写成一封白话信,送给先生,这求指教指教。

大作说,"树本无心结子,我也无恩于你。"这和孔融所说的"父之于子当有何亲……","子之于母亦复奚为……"差不多同一样的口气。我且不去管他。下文说的,"但是你既来了,我不能不养你教你,那是我对人道的义务,并不是待你的恩谊"。这就是做父母一方面的说法。换一方面说,做儿子的也可模仿同样口气说道:"但是我既来了,你不能不养我教我,那是你对人道的义务,并不是待我的恩谊。"那么两方面凑泊起来,简直是亲子的关系,一方面变成了跛形的义务者,他一方面变成了跛形的权利者,实在未免太不平等了。平心而论，旧时代的见解，好端端生在社会一个人，前途何等遥远，责任何等重大，为父母的单希望他做他俩的儿子，固然不对。但是照先生的主张，竟把一般做儿子的抬举起来，看作一个"白吃不回账"的主顾，那又未免太"矫枉过正"罢。

现在我且丢却亲子的关系不谈，先设一个譬喻来说。假如有位朋友留我在他家里住上若干年，并且供给我的衣食，后来又帮助我的学费，一直到我能够独立生活，他才放手。虽然这位朋友发了一个大愿，立心做个大施主，并不希望我些须报答，难道我自问良心能够就是这么拱拱手同他离开便算了吗？我以为亲子的关系，无论怎样改革，总比朋友较深一层。就是同朋友一样平等看待，果然有个鲍叔再世，把我看作管仲一般，也不能够说"不是待我的恩谊"罢。

大作结尾说道："我要你做一个堂堂的人，不要你做我的孝顺儿子。"这话我倒并不十分反对。但是我以为应该加上一个字，可以这么说："我要你做一个堂堂的人，不单要你做我的孝顺儿子。"为什么要加上这一个字呢？因为儿子孝顺父母，也是做人的一种信条，和那"悌弟"、"信友"、"爱群"等等是同样重要的。旧时代学说把一切善行都归纳在"孝"字里面，诚然流弊百出，但一定要把"孝"字"驱逐出境"，划在做人事业范围以外，好像人做了孝子，便不能够做一个堂堂的人。换一句话，就是人若要做一个堂堂的人，便非打定主意做一个不孝之子不可。总而言之，先生把"孝"字看得与做人的信条立在相反的地位。我以为"孝"字虽然没有"万能"的本领，但总还够得上和那做人的信条凑在一起，何必如此"雷厉风行"硬要把它"驱逐出境"呢？

前月我在一个地方谈起北京的新思潮，便联想到先生个人身上。有一位是先生的贵同乡，当时插嘴说道："现在一般人都把胡适之看作洪水猛兽一样,其实适之这个人旧道德并不坏。"说罢,并且引起事实为证。我自然是很相信的。照这位贵同乡的说话推测起来,先生平日对于父母当然不肯做那"孝"字反面的行为,是决无疑义了。我怕的是一般根底浅薄的青年,动辄抄袭名人一两句话,敢于扯起幌子,便"肆无忌惮"起来。打个比方,有人昨天看见《每周评论》上先生的大作,也便可以说道:"胡先生教我做一个堂堂的人,万不可做父母的孝顺儿子。"久而久之,社会上布满了这种议论,那么任凭父母老病冻饿以至于死,却可以不去管他了。我也知道先生的本意无非看见旧式家庭过于"束缚驰骤",急急地要替他调换空气,不知不觉言之太过,那也难怪。从前朱晦庵说得好,"教学者如扶醉人",现在的中国人真算是大多数醉倒了。先生可怜他们,当下告奋勇,使一股大劲,把他从东边扶起。我怕是用力太猛,保不住又要跌向西边去。那不是和没有扶起一样吗?万一不幸,连性命都要送掉,那又向谁叫冤呢?

我很盼望先生有空闲的时候,再把那"我的父母"四个字做个题目,细细地想一番。把做儿子的对于父母应该怎样报答的话(我以为一方面做父母的儿子,同时在他方面仍不妨做社会上一个人),也得咏叹几句,"恰如分际","彼此兼顾",那才免得发生许多流弊。儿子,不要忘记我们,我们不会忘记你。努力做一个好孩子。

## 二 胡适答汪先生的信

前天同太虚和尚谈论,我得益不少。别后又承先生给我这封很诚恳的信,感谢之至。

"父母于子无恩"的话,从王充、孔融以来,也很久了。从前有人说我曾提倡这话,我实在不能承认。直到今年我自己生了一个儿子,我才想到这个问题上去。我想这个孩子自己并不曾自由主张要生在我家,我们做父母的不曾得他的同意,就糊里糊涂地给了他一条生命。况且我们也并不曾有意送给他这条生命。我们既无意,如何能居功?如何能自以为有恩于他?他既无意求生,我们生了他,我们对他只有抱歉,更不能"市恩"了。我们糊里糊涂地替社会上添了一个人,这个人将来一生的苦乐祸福,这个人将来在社会上的功罪,我们应该负一部分的责任。说得偏激一点,我们生一个儿子,就好比替他种下了祸根,又替社会种下了祸根。他也许养成坏习惯,做一个短命浪子;他也许更堕落下去,做一个军阀派的走狗。所以我们"教他养他",只是我们自己减轻罪过的法子,只是我们种下祸根之后自己补过弥缝的法子。这可以说是恩典吗?

我所说的,是从做父母的一方面设想的,是从我个人对于我自己的儿子设想的,所以我的题目是"我的儿子"。我的意思是要我这个儿子晓得我对他只有抱歉,决不居功,决不市恩。至于我的儿子将来怎样待我,那是他自己的事。我决不期望他报答我的恩,因为我已宣言无恩于他。

先生说我把一般做儿子的抬举起来,看作一个"白吃不还账"的主顾。这是先生误会我的地方。我的意思恰同这个相反。我想把一般做父母的抬高起来,叫他们不要把自己看作一种"放高利债"的债主。

先生又怪我把"孝"字驱逐出境。我要问先生,现在"孝子"两个字究竟还有什么意义?现在的人死了父母都称"孝子"。孝子就是居父母丧的儿子(古书称为"主人"),无论怎样忤逆不孝的人,一穿上麻衣,戴上商梁冠,拿着哭丧棒,人家就称他作"孝子"。

我的意思以为古人把一切做人的道理包在孝字里,故战阵无勇，苟官不敬，等等都是不孝。这种学说，先生也承认它流弊百出。所以我要我的儿子做一个堂堂的人，不要他做我的孝顺儿子。我的意想以为"一个堂堂的人"决不致于做打爹骂娘的事，决不致于对他的父母毫无感情。

但是我不赞成把"儿子孝顺父母"列为一种"信条"。易卜生的《群鬼》里有一段话很可研究（《新潮》第五号页八五一）：

（阵代牧师）你忘了没有，一个孩子应该爱敬他的父母？

（阿尔文夫人）我们不要讲得这样宽泛。应该说："欧士华应该爱敬阿尔文先生（欧士华之父）吗？"

这是说，"一个孩子应该爱敬他的父母"是耶教一种信条，但是有时未必适用。即如阿尔文一生纵淫，死于花柳毒，还把遗毒传给他的儿子欧士华，后来欧士华毒发而死。请问欧士华应该孝顺阿尔文吗？若照中国古代的伦理观念自然不成问题。但是在今日可不能不成问题了。假如我染着花柳毒，生下儿子又聋又瞎，终身残废，他应该爱敬我吗？又假如我把我的儿子应得的遗产都拿去赌输了，使他衣食不能完全，教育不能得着，他应该爱敬我吗？又假如我卖国卖主义，做了一国一世的大罪人，他应该爱敬我吗？

至于先生说的，恐怕有人扯起幌子，说，"胡先生教我做一个堂堂的人，万不可做父母的孝顺儿子。"这中他自己错了。我的诗是发表我生平第一次做老子的感想，我并不曾教训人家的儿子！

总之，我只说了我自己承认对儿子无恩，至于儿子将来对我作何感想，那是他自己的事，我不管了。

先生又要我作"我的父母"的诗。我对于这个题目，也曾有诗，载在《每周评论》第一期和《新潮》第二期里。

# 不要怕社会报复
## ——寄吴又陵先生书

前接先生 3 月 21 日手书，当时匆匆未及即时作答，现闻成都报纸因先生的女儿辟疆女士的事竟攻击先生，我觉得我此时不能不写几句话来劝慰先生。春间辟疆因留学的事来见我，我觉得她少年有志，冒险远来胆识都不愧为名父之女，故很敬重她。她临行时，我给她几封介绍信，都很带有期望她的意思。后来忽然听见她和潘力山君结婚之事，我心里着实失望。我所以失望，倒并不是因为他们的恋爱关系，——那另是一个问题，——我最失望的是辟疆一腔志气不曾做到分毫，便自己甘心做一个人的妻子；将来家庭的担负，儿女的牵挂，都可以葬送她的前途。后来任叔永回国，告诉我他过卜克利见辟疆时的情形，果然辟疆躬自操作持家，努力做主妇了。……

先生对于此事，不知感想如何？我怕外间纷纷的议论定已使先生心里不快。先生二十年来与恶社会宣战，恶社会现在借刀报复，自是意中之事。但此乃我们必不可免的牺牲，——我们若怕社会的报复，决不来干这种与社会宣战的事了。乡间有人出来提倡毁寺观庙宇，改为学堂；过了几年，那人得暴病死了，乡下人都拍手称快，大家造出谣言，说那人是被菩萨捉去地狱里受罪去了！这是很平常的事。我们不能预料我们的儿女的将来，正如我们不能预料我们的房子不被"天火"烧，我们的"灵魂"不被菩萨"捉去地狱里受罪"。

况且我们既主张使儿女自由自动，我们便不能妄想一生过老太爷的太平日子。自由不是容易得来的。自由有时可以发生流弊，但我们决不因为自由有流弊便不主张自由。"因噎废食"一句套语，此时真用得着了。自由的流弊有时或发现于我们自己的家里，但我们不可因此便失望，不可因此便对于自由起怀疑的心。我们还要因此更希望人类能从这种流弊里学得自由的真意义，从此得着更纯粹的自由。

从前英国的高德温（Godwin）主张无政府主义，主张自由恋爱，后来他的女儿爱了诗人雪莱（Shelley），跟他跑了。社会的守旧党遂借此攻击他老人家，但高德温的价值并不因此减损。当时那班借刀报复的人，现在谁也不提起了！

我是很敬重先生的奋斗精神的。年来所以不曾通一信寄一字者，正因为我们本是神交，不必拘泥形迹。此次我因此事第一次寄书给先生，固是我从前不曾预料到的，但此时我若再不寄此信，我就真对不起先生了。

# 朋友与兄弟
——答王子直

中国是用家族伦理作中心的社会，故中国人最爱把家族的亲谊硬加到朋友的关系上去。朋友相称为弟兄，——"吾兄"，"仁兄"，"弟"，"小弟"，——又称朋友的父母为"老伯"，"老伯母"，都是这个道理。朋友结拜为弟兄，更是这个道理的极端。

其实朋友是人造的关系，是自由选择的"人伦"，弟兄是天然的关系，是不能自由选择的"天伦"。把朋友认作弟兄，并不能加上什么亲谊。自己弟兄尽有不和睦的，还有争财产相谋害的。朋友也有比弟兄更亲热更可靠的。所以我主张朋友不应该结拜为弟兄。不但新时代不应有，其实古人并无此礼。汉人始有"结交为弟昆"的话。但古人通信，仍不称弟兄。

# 论贞操问题
## ——答蓝志先

先生对于这个问题共分五层。第一层的大意是说：

夫妇关系，爱情虽是极重要的分子，却不是唯一的条件。……贞操虽是对待的要求，却并不是以爱情有无为标准，也不能仅看作当事者两个人的自由态度。……因为爱情是盲目而极易交化的。这中间须有一种强迫的制裁力。……爱情之外，尚当有一种道德的制裁。简单说来，就是两方应当尊崇对手的人格。……爱情必须经过道德的洗炼，使感情的爱变为人格的爱，方能算的真爱。……夫妇关系一旦成立以后，非一方破弃道德的制裁，或是生活上有不得已的缘故，这关系断断不能因一时感情的好恶随便可以动摇。贞操即是道德的制裁人格的义务中应当强迫遵守之一。破弃贞操是道德上一种极大罪恶，并且还毁损对手的人格，绝不可以轻恕的。

这一层的大旨，我是赞成的。我所讲的爱情，并不是先生所说盲目的又极易变化的感情的爱。人格的爱虽不是人人都懂得的（这话先生也曾说过），但平常人所谓爱情，也未必全是肉欲的爱；这里面大概总含有一些"超于情欲的分子"，如共同生活的感情，名分的观念，儿女的牵系，等等。但是这种种分子，总还要把异性的恋爱做一个中心点。夫妇的关系所以和别的关系（如兄弟姊妹朋友）不同，正为有这一点异性的恋爱在内。若没有一种真挚专一的异性恋爱，那么共同生活便成了不可终日的痛苦，名分观念便成了虚伪的招牌，儿女的牵系便也和猪狗的母子关系没有大分别了。我们现在且不要悬空高谈理想的夫妇关系，且仔细观察最大多数人的实际夫妇关系究竟是什么样子。我以为我们若从事实上的观察作根据，一定可以得到这个断语：夫妇之间的正当关系应该以异性的恋爱为主要元素；异性的恋爱专注在一个目的，情愿自己制裁性欲的自由，情愿永久和他所专注的目的共同生活，这便是正当的夫妇关系。人格的爱，不是别的，就是这种正当的异性恋爱加上一种自觉心。

我和先生不同的论点，在于先生把"道德的制裁"和"感情的爱"分为两件事，所以说"爱情之外尚当有一种道德的制裁"。我却把"道德的制裁"看作即是那正当的、真挚专一的异性恋爱。若在"爱情之外"别寻夫妇间的"道德"，别寻"人格的义务"，我觉得是不可能的了。所以我赞成先生说的"夫妇关系一旦成立以后，非一方破弃道德的制裁（即是我所谓"真一的异性恋爱"），或是生活上有不得已的缘故（如寡妇不能生活，或鳏夫不能抚养幼小儿女），这关系断断不能因一时感情的好恶随便可以动摇"。我虽然赞成这个结论，却不赞成先生说的"贞操并不是以爱情有无为标准"。因为我所说的"贞操"即是异性恋爱的真挚专一。没有爱情的夫妇关系，都不是正当的夫妇关系，只可说是异性的强迫同居！既不是正当的夫妇，更有什么贞操可说？

先生所说的"尊重人格"，固然是我所极赞成的。但是夫妇之间的"人格问题"，依我看来只不过是真一的异性恋爱加上一种自觉心。中国古代所说"夫妇相敬如宾"的敬字便含有尊重人格的意味。人格的爱情，自然应该格外尊重贞操。但是人格的观念，根本上研究起来，实在是超于平常人心里的"贞操"观念的范围以外。平常人所谓"贞操"，大概指周作人先生所说的"信实"，我所说的"真一"，和先生所说的"一夫一妇"，但是人格的观念有时不限于此。先生屡用易卜生的《娜拉》为例。即以此戏看来，郝尔茂对于娜拉并不曾违背"贞操"的道德。娜拉弃家出门，并不是为了贞操问题，乃是为了人格问题。这就可见人格问题是超于贞操问题了。

先生又极力攻击自由恋爱和容易的离婚，其实高尚的自由恋爱，并不是现在那班轻薄少年所谓自由恋爱，只是根据于"尊重人格"一个观念。我在美洲也曾见过这种自由恋爱的男女，觉得他们真能尊重彼此的人格。这一层周作人先生已说过了，我且不多说。至于容易的离婚，先生也不免有点误解。我从前在《美国的妇人》一篇里曾有一节论美国多离婚案之故道：

……自由结婚的根本观念就是要夫妇相敬相爱，先有精神上的契合，然后可以有形体上的结婚。不料结婚之后，方才发现从前的错误，方才知道他们两人决不能有精神上的爱情；既不能有精神上的爱情，若还依旧同居，不但违背自由结婚的原理，并且必至于堕落各人的人格。……所以离婚案之多，未必全由于风俗的败坏，也未必不由于个人人格的尊贵。

所以离婚的容易，并不是一定就可以表示不尊重人格。这又可见人格的问题超于平常的贞操观念以外了。

先生第二层的意思，已有周作人先生的答书了，我本可以不加入讨论，但是我觉得这一段里面有一个重要观念，是哲学上的一个根本问题，故不得不提出讨论。先生不赞成与谢野夫人把贞操看作一种趣味、信仰、洁癖，不当他是道德。先生是个研究哲学的人，大概知道"道德"本可当做一种信仰，一种趣味，一种洁癖。中国的孔丘也曾两次说"吾未见好德如好色者也"。他又说"知之者不如好之者，好之者不如乐之者"。这种议论很有道理，远胜于康德那种"绝对命令"的道德论。道德教育的最高目的是要人人都能自然行善去恶,"如恶恶臭,如好好色"一般。西洋哲学史上也有许多人把道德观念当做一种美感的。要是人人都能把道德当做一种趣味,一种美感,岂不很好吗?

先生第三层的大意是说我不应该"把外部的制裁一概抹杀"。先生所指的乃是法律上消极的制裁,如有夫有妇奸罪等等,这都是刑事法律的问题,自然不在我所抹杀的"外部干涉"之内,我不消申明了。

先生第四层论续娶和离婚的限制,我也可以不辩。

先生第五层论共妻和自由恋爱。我的原文里并没有提到这两个问题,《新青年》的同仁也不曾有提倡这两种问题,本可以不辩。况且周作人先生已有答书提起这一层,我在上文也略提到自由恋爱。我觉得先生对于这两个问题未免有点"笼统"的攻击,不曾仔细分析主张这种制度的人心理和品格。因此我且把先生反对这种人的理由略加讨论。

(一)先生说,"夫妇的平等关系,是人格的平等,待遇的平等,不是男女做同样的事才算平等。"这话固然不错。男女不能做完全同样的事,这是人所共知的。但是有许多事是男女都能做的。古来相传的家庭制度,把许多极繁琐的事看作妇人的天职:有钱的人家固然可以雇人代做,但是中人以下的人家,这是做不到的;因此往往有可造就的女子人才竟被家庭事务埋没了,不能有机会发展她的个性的才能。欧美提倡废家庭制度的人,大多数是自食其力的美术家和文人。这一派人所以反对家庭,正因为家庭的负担有碍于她们才性的自由发展。还有那避妊的行为,也是为此。先生说她们的流弊可以"把一切文明事业尽行推翻",未免太过了。

(二)先生说,"妇女解放是解放人格,不是解放性欲。"学者的提倡共妻制度(如柏拉图所说),难道是解放性欲吗?还有那种有意识的自由恋爱,据我所见,都是尊重性欲的制裁的。无制裁的性欲，不配称恋爱，更不配称自由恋爱。

（三）先生论儿童归公家教养一段，理由很不充足。这种主张从柏拉图以来，大概有三种理由：1. 公家教养儿童，可用专门好手，功效可以胜过平常私家的教养，因为有无量数的父母都是不配教养子女的；2. 儿女乃是社会的分子，并不是你我的私产，所以教养儿童并不全是先生所说"自己应尽的义务"；3. 依分功互助的道理，有些愿意教养儿童的人便去替公家教养儿童，有些不愿意或不配教养儿童的人便去做旁的事业。先生说，"既说平等，为什么又要一种人来替你尽那不愿意教养儿童的义务呢？"他们并不说人人能力才性都平等（这种平等说是绝对不能成立的），他们也不要勉强别人做不愿意的事；他们只要各人分功互助，各人做自己愿意做的事。

（四）先生又说共妻主义的大罪恶在于"拿极少数人的偏见来破坏人类精神生活上万不可缺的家庭制度"。这话固然有理，但是我们革新家不应该一笔抹杀"极少数人的偏见"；我们应该承认这些极少数人有自由实验他所主张的权利。

（五）先生说"共妻主义实际上是把妇女当做机械牛马"。这话未免冤枉共妻主义的人了。我手头没有近代主张共妻的书，我且引柏拉图的《共和国》中论共妻的一节为证：

假定你做了（这个理想国的）立法官，既然选出了那些最好的男子，就该选出一些最好的女子，要拣那些最配得上这些男子的，使他们男女同居公共的房子，同在一块用餐。他们都不许有自己的东西；他们同做健身的运动，同在一处养育长大。他们自然会被一种天性的必要（necessity）牵引起来互相结合。我用"必要"一个词，不太强吗？

（答）不太强。你所谓"必要"自然不是几何学上的必要；这种必要只有有情的男女才知道的。

这和必要对于一般人类的效能比几何学上的必要还大得多咧。

是的。但是这种事的进行须要有秩序。在这个乐国里面,淫乱是该禁止的。

(答)应该如此。

你的主张是要使配偶成为最高洁神圣的,要使这种最有益的配偶成为最高洁神圣的吗?

(答)正是。

这就可见古代的共妻论已不曾把妇女当做机械牛马一样看待。近世个性发展,女权伸张,远胜古代,要是共妻主义把妇女看作机械牛马,还能自成一说吗?至于先生把自由恋爱解作"两方同意性欲关系即随便可以结合,不受何等制限",这也不很公平。世间固然有一种"放纵的异性生活"装上自由恋爱的美名,但是有主义的自由恋爱也不能一笔抹杀。古今正式主张自由恋爱的人,大概总有一种个性的人生观,决不是主张性欲自由的。最著名的先例是William Godwin和Mary Wollstoncraft的关系。Godwin最有名的著作Political Justice是主张自由恋爱最早的一部书。他后来遇见那位女界的怪杰Mary Wollstoncraft,居然实行他们理想中的恋爱生活。Godwin书中曾说自由恋爱未必就有"淫乱"的危险,因为人类的通性总会趋向一个伴侣,不爱杂交;再加上朋友的交情,自然会把粗鄙的情欲变高尚了。即使让一步,承认自由恋爱容易解散,这也未必一定是最坏的事。论者只该问这一桩离散是有理无理,不该问离散是难是易。最近北京有一家夫妇不和睦,丈夫对他妻子常用野蛮无理的行为,后来他妻子跑回母家去了,不料母家的人说她是弃妇,瞧不起她,她受不过这种嘲笑,只好含羞忍辱回她夫家去受她丈夫的虐待!这种婚姻可算得不容易离散了,难道比容易离散的自由恋爱更好吗?自由恋爱的离散未必全由于性欲的厌倦,也许是因为人格上有不能再同居的理由。

他们既然是人格的结合，——有主张的自由恋爱应该是人格的结合！——如今觉得继续同居有妨碍于彼此的人格，自然可以由两方自由解散了。

　　以上答先生的第五层，完全是学理的讨论；因为先生提到共妻和自由恋爱两种主张，故我也略说几句。我要正式声明，我并不是主张这两种制度的；不过我是一个研究思想史的人，所以对于无论哪一种学说，总想寻出它的根据理由，我决不肯"笼统"排斥它。

# 论女子为强暴所污
## ——答萧宜森

萧先生原书：

……学生有一最亲密的朋友，他的姐姐在前几年曾被土匪掳去，后来又送还她家。我那朋友常以此事为他家"奇耻大辱"，所以他心中常觉不平安；并且因为同学知道此事，他在同学中常像是不好意思似的。学生见这位朋友心中常不平安，也就常将此事放在心中思想。按着中国的旧思想，我这位朋友的姐姐就应当为人轻看，一生受人的侮慢，受人的笑骂。但不知按着新思想，这样的女人应居如何的地位？

学生要问的就是：

（1）一个女子被人污辱，不是她自愿的，这女子是不是应当自杀？

（2）若这样的女子不自杀，她的贞操是不是算有缺欠？她的人格的尊严是不是被灭杀？她应当受人的轻看不？

（3）一个男子若娶一个曾被污辱的女子，他的人格是不是被灭杀？应否受轻看？

（1）女子为强暴所污，不必自杀。

我们男子夜行，遇着强盗，他用手枪指着你，叫你把银钱戒指拿下来送给他。你手无寸铁，只好依着他吩咐。这算不得懦怯。女子被污，平心想来，与此无异。都只是一种"害之中取小"。

不过世人不肯平心着想，故妄信"饿死事极小，失节事极大"的谬说。

（2）这个失身的女子的贞操并没有损失。

平心而论，她损失了什么？不过是生理上，肢体上，一点变态罢了！正如我们无意中砍伤了一只手指，或是被毒蛇咬了一口，或是被汽车碰伤了一根骨头。社会上的人应该怜惜她，不应该轻视她。

（3）娶一个被污了的女子，与娶一个"处女"，究竟有什么分别？

若有人敢打破这种"处女迷信"，我们应该敬重他。